# 联邦最高法院的观点

UNDERSTANDING
SUPREME COURT OPINIONS
(SIXTH EDITION)

【美】范吉尔（T.R.van Geel）◎ 著　　廖春霞 ◎ 译

上海社会科学院出版社
SHANGHAI ACADEMY OF SOCIAL SCIENCES PRESS

上海市美国问题研究所
SHANGHAI INSTITUTE OF AMERICAN STUDIES

## 图书在版编目(CIP)数据

联邦最高法院的观点 /（美）范吉尔（T. R. Van Geel）著；廖春霞译. —上海：上海社会科学院出版社，2017
 ISBN 978 - 7 - 5520 - 2047 - 2

Ⅰ.①联… Ⅱ.①范…②廖… Ⅲ.①最高法院—研究—美国 Ⅳ.①D971.262

中国版本图书馆 CIP 数据核字（2017）第 166326 号

Authorized translation from the English language edition, entitled UNDERSTADING SUPREME COURT OPINIONS, 6E, by VAN GEEL, T. R,, published by Pearson Education, Inc, Copyright © 2009
All rights reserved. No part of this book may be reproduced or transmitted in any form or by any means, electronic or mechanical, including photocopying, recording or by any information storage retrieval system, without permission from Pearson Education, Inc.

CHINESE SIMPLIFIED language edition published by Shanghai Academy of Social Sciences Press Copyright © 2018.

本书封面贴有 Pearson Education（培生教育出版集团）防伪标签，无标签者不得销售。
版权所有，侵权必究。侵权举报电话：010 - 62782989　13701121933

上海市版权局著作权合同登记号　图字：09 - 2014 - 505

### 联邦最高法院的观点

[美]范吉尔（T. R. Van Geel）著．廖春霞译
责任编辑：章斯睿
封面设计：周清华
出版发行：上海社会科学院出版社
　　　　　上海顺昌路 622 号　邮编 200025
　　　　　电话总机 021 - 63315900　销售热线 021 - 53063735
　　　　　http://www.sassp.org.cn　E-mail:sassp@sass.org.cn
照　　排：南京前锦排版服务有限公司
印　　刷：上海信老印刷厂
开　　本：720×1020 毫米　1/16 开
印　　张：11.25
字　　数：185 千字
版　　次：2018 年 3 月第 1 版　2018 年 3 月第 1 次印刷

ISBN 978 - 7 - 5520 - 2047 - 2/D·458　　定价：48.00 元

# 序

本书介绍了最高法院的法官们和其他从事宪法审判工作的人所使用的法律推理及劝说和证明的方式。本书试图提供一个了解最高法院运作的新视角，阐明宪法系统的运转情况，丰富我们对于法治这个概念的理解。

本书有多种使用方式。本书是宪法案例选辑的补充，也结合了一些从政治科学家的角度所撰写的材料。

《联邦最高法院的观点》加入了该书第五版发行以来最高法院颁布的判决意见书的有关材料。这些最近的判决意见书处理了以下问题：警察搜查某人住所时的权限，学区管理学生言论的权限，总统关于反恐战争的权力，处决一个有妄想症的重罪犯的合宪性，以及学区依照一个种族标准，通过种族融合计划，以纠正学校里种族不均衡情况的合宪性。

另外，为了使材料更清楚，对学生有所帮助，本书中间的几个章节做了一些重要修改。第四章一开始加了一个新的小节讨论最高法院的法官们是否应该"解释"宪法这一问题。另外，这一章节大大缩减和重组了关于原旨主义和非原旨主义的讨论，使材料意思更明确，学生更易接受。本章还包括了对司法激进主义、保守主义和自由主义这些概念的讨论，并在原有基础上进行了大量修改。第六章和第八章作了改编，以便更清楚地表达这些章节的主要内容，并能使本书保留原有的篇幅。

最后，本书加入了第九章，深入阐述并讨论了一个最高法院最近的案件摘要和分析——"社区学校家长诉西雅图第一学区案"。在这个案子里，最高法院禁止学生自由选择的两个学区的学校用种族作为招生标准之一。本章还包括对该案件的具体评论，以帮助学生了解提供案情提要的过程，紧随其后的分析提供了具体范例，告诉他们怎样对判决意见书进行深入的宪法分析。

本书第六版的出版发行，受益于以下编审的深刻评论：

菲利普·戴尼亚(Philip Dynia)　　罗耀拉大学
雷·凯斯勒(Ray Kessler)　　苏尔罗斯州立大学
克里斯·博诺(Chris Bonneau)　　匹兹堡大学
本人还想感谢贾森·布洛克宇斯在审稿和编辑方面提供的帮助。

范吉尔(T. R. Van Geel)

# 引　言

若干年前，我在上大学，准备去法学院深造。当时我跟一个家乡的律师有过一次谈话。他告诉我，如果我乐于阅读许多"小故事"，我会喜欢法学院的。到了法学院，我真的读了不少小故事，但显然，那位律师所说的有些误导性。确实，我所读过的法院判决意见书都是充满着大量人物冲突、戏剧和激情的故事，但他把这些称为"小故事"，就是暗指这些故事不太错综复杂。他似乎暗示，这些不过是一连串的趣闻。而实际上，每一个故事都像一幕莎士比亚的戏剧，人物众多，结构复杂，语言难懂，有几层意思。这些不仅仅是对人们冲突的简要描述，还是具有丰富内容的文字，甚至每多读一遍，就会有新的深刻见解。

阅读和理解法律通常被拿来同阅读和理解文学作比较，但在这里，我想用一个不同的比喻。假如你是一个古罗马的历史学家，你正在研究一个著名的罗马元老院议员在罗马元老院发表的演讲。在试图理解这些演讲的意思和意义时，你会问自己这样或那样的问题：

- 发表演讲有什么社会功能？这位议员或者其他议员为何发表演讲？罗马元老院在政府体系中起着什么作用？
- 这场演讲发表于什么场合？听众是谁？
- 议员在发表演讲时受到哪些束缚？
- 有没有什么事情是罗马元老院议员不能说的？或者听众期望他们说的？
- 这场演讲的逻辑论点是什么？它想表达的中心思想是什么，又是怎样证明那个中心思想的？
- 演讲运用了哪些材料来表达中心思想？
- 演讲里的假设和前提在那个历史时刻有道理吗？它们在今天仍然可行吗？
- 这场演讲与该议员之前的演讲有何异同？与其他议员的演讲相比呢？有没有不同的演讲风格？

- 这场演讲体现了什么样的价值观及信仰？
- 这场演讲的政治、经济和社会效力怎样？

这些你想问的关于罗马元老院的演讲的问题，从许多方面来看，也是你应该问的关于美国最高法院判决意见书的问题。正如罗马元老院议员的演讲，最高法院的判决意见书是按照特定的法理学背景写的，是用来发挥其社会、政治，当然，还有法律功能的。判决意见书要放到它自身的法理学背景里去理解。判决意见书的最大功能就是它们提供论据，想要说服大家。判决意见书是用来说服读者：案件中所作的判决，即结果，是正确的。

你得了解所有这些，以及为何这份判决意见书要在此时此刻发表。怎么会是最高法院此时来提供判决意见书。

要理解判决意见书，我们需要认识到：司法机构是在各种法律、政治以及社会的局限和期望之下运作的。这些局限性迫使判决意见书的起草者以某一种文体来写作，并且只用某些材料来支持论点。这些局限和期望对判决意见书的语气、语态和文体产生重要影响。正是这些局限和期望，才使得意见书听起来和看起来像法律意见书，而不仅仅是政治意见的表达。

除了努力去了解判决意见书总体的社会和政治功能，我们还必须弄清它的内容。它的中心论点是什么？支持该论点的论据又是什么？这些论据的前提是被有效证实的吗？该意见书的未加说明的价值标准、假设和原则是什么？所造成的政治、经济和社会影响又是什么？

显然，阅读和理解最高法院判决意见书不仅仅是读读小故事。本书旨在帮助大家学习一些必要的技巧，以便完全读懂这些在我们的法律和政治体系中占据特殊地位的文件。为了达到这个目的，第一章提供了帮助理解这些判决意见书的主要背景信息。这一章简要讨论了宪法以及最高法院在解释和执行美国宪法中所起的作用。这一章还研究了案子或问题是怎样到达最高法院，以及法院又是怎样颁布相关的意见书的。

第二章对宪法进行了简短但更加全面的介绍。在第三章里，我们转而从法官的角度来看待最高法院判决意见书的写作。因此，第三章讨论了法官在写判决意见书时所面临的局限和期望。我相信，人们如果能从法官的角度去欣赏判决意见书的写作，一定能更好地理解和消化它们。

本书的第二部分有四个章节，更具体地介绍了符合宪法的判决意见书的写作，以及其他宪法论证。第四章大体介绍了一系列判决意见书形成所依赖的法律材料。本章特别关注了涉及"法律制定者的意图"的辩论，以便理解宪法。第五章转而讨论一个法院判决意见书里常见的因素——宪法准则，或复审标准。第六章讨论了法院对先例的使用以及之前的判决意见书中判决依据的形成。第七章是这一部分总结性的章节，介绍了一个辩护策略的概念。辩护策略是指判决意见书能够采取的一般方法，使其能成功地说服读者法院判决的正确性。例如：判决意见书可能会用到所谓类比的辩护策略：(1)这个案子类似之前的甲案。(2)类似的案例应该以类似的方式处理。(3)在之前的案子里，我们是按照丁方案做的。(4)因此，在这个案子里，我们也应该要按照丁方案执行。这个辩护策略同其他策略一起，成为把法律材料组合起来的模板。

第三部分包括第八章和第九章。这两个总括性的章节通过对一份最高法院判决意见书进行具体分析，把前面章节的内容都概括起来了。但是我们要注意的是，从一些重要方面而言，每一份最高法院的判决意见书都是一个独特的文件，与其他判决意见书各有不同。因此，你在一份判决意见书里可能接受的分析在某些方面会不同于其他判决意见书。第八章会帮助你开始理解并分析其他判决意见书。这一章里有一个案情摘要的范例，以便介绍写案情摘要的技巧。第九章则包含了一个重要案子的案情摘要，附带评论和对该案子的说明性的分析。

总而言之，一份判决意见书并非对法庭内部决策过程或某位写意见书的法官内心思考的自我报道。判决意见书是旨在说服和劝服读者，意见书里所作出的判断是正确的。也就是说，判决意见书是旨在发挥法律、政治和社会功能的文件。当法官要写判决意见书时，他们一般有多种为判决意见书写正当理由的方法。因此，判决意见书的起草者可以有多种选择来为自已作出的判决提出正当理由。要使判决意见书看起来好像不能用其他任何方式写，而且相当有说服力，似乎不可能再作出其他的判决了。用此种方式写就的判决意见书就是一种高级的艺术形式。

将最高法院判决意见书看成一种高级的修辞形式，会让人对最高法院、法官、律师以及法学院的教育感到怀疑。难道法官和律师仅仅是具有非凡的修辞技巧，能够为他们的任何立场找到正当理由的人？法学院以及法律的相关课程是要将人们培养成熟练的雄辩家？我认为这些问题的答案有一部分是肯定的。但这也是片面的。重要的是，法院和法官要作出明智合理的判决，律师们要严肃对待他们接手的案子，他们代表的客户以及他们主张的立场。

因此，法学院和大学生的法律课程不能只是关注怎样让人们善于言辞，这一点对我们的法律和社会的将来，是至关重要的。我认为教法律的老师们应该在课堂上处理好公平和正义的问题。学法律的学生也不应该仅仅注意发展自己的分析和言辞技巧，还要注意形成自己的价值观、信仰和对于公平和正义的看法。以下这则故事表明了我的忧虑：

**魔鬼对律师说**：我能给你超乎想象的财富，我能让你成为全世界最著名的律师，你会打赢你所有接手的案子，人们会纷纷登门拜访你。作为所有这些东西的交换，我只需要拿走你、你的配偶和孩子们的灵魂。

**律师**：太棒了！但是期限是多久？

# 目　　录

序 ·································································································· 1

引言 ································································································ 1

## 第一部分

**第一章　最高法院：决策人和教育者** ·················································· 3
　　宪法冲突 ···················································································· 4
　　宪法概述 ···················································································· 5
　　让最高法院发挥作用 ····································································· 6
　　最高法院判决意见书的基本特征 ···················································· 17
　　实践指南 ·················································································· 19

**第二章　宪法概要** ········································································ 21
　　最高法院作为行政、立法和司法机关职权的监管者（第一个特征）········ 21
　　最高法院作为联邦与州之间关系的仲裁者（第二个特征）··················· 27
　　最高法院作为政府与个人关系的监管者（第三个特征）······················ 30
　　最高法院是政府不偏不倚行政的执行者：平等保护（第四个特征）········ 34
　　最高法院是政府与宗教关系的监督者（第五个特征）························· 37
　　联邦法和州立法的合宪性：附录 ··················································· 38
　　实践指南 ·················································································· 39

## 第三章　最高法院判决意见书的撰写 ····· 40
撰写判决意见书：普遍问题 ····· 40
限制和期望 ····· 42
结论 ····· 50
实践指南 ····· 50

## 第二部分

## 第四章　用于构建宪法性意见书的法律材料 ····· 53
宪法性解读（与否）？ ····· 54
原旨主义 ····· 55
非原旨主义 ····· 61
自由主义和保守主义 ····· 70
司法积极主义及顺从主义 ····· 71
实践指南 ····· 72

## 第五章　审查准则或标准 ····· 74
一般准则 ····· 74
准则精选实例 ····· 77
准则以及确定错觉 ····· 86
实践指南 ····· 87

## 第六章　先例 ····· 88
术语插曲 ····· 88
英国的先例规则 ····· 90
先例规则理论 ····· 94
最高法院的先例规则（遵循先例） ····· 94
延展和缩小先例 ····· 99
处理先例中相互矛盾的内容 ····· 106
对先例进行限缩和宽泛解读的效果 ····· 108

实践指南 ·············································· 109

## 第七章　辩护词策略　111
　　三段论和演绎推理 ································· 111
　　演绎和类推 ········································· 113
　　演绎和平衡 ········································· 115
　　司法分歧 ············································ 121
　　结论 ·················································· 123
　　近观演绎：附录 ···································· 124
　　实践指南 ············································ 126

# 第三部分

## 第八章　最高法院判决意见书案例简述　129
　　事实 ·················································· 129
　　多数意见书 ········································· 130
　　共存和异议意见书 ································· 139
　　判决意见书书写的动力机制 ···················· 142
　　"格里斯沃尔德案"概述 ························· 143
　　"格里斯沃尔德案"的法律意义 ················ 146
　　实践指南 ············································ 146

## 第九章　最高法院案例分析　147
　　"西雅图第一学区案"简介 ······················ 147
　　用于"解释"本案的问题 ························ 158
　　评价性判断：裁决的法律充分性 ·············· 160
　　判决意见书的政治和政策含义 ················· 164
　　实践指南 ············································ 167

# 第一部分

要全面了解最高法院的判决意见书,既需要掌握一定量的背景信息,也需要一些分析技巧。本部分的三个章节提供了最高法院这个机构以及宪法的基本背景信息。第一章介绍了宪法冲突以及最高法院在解决这些冲突时所起的作用。第二章通过更详细地研究宪法和合宪性法律的最重要的五个领域,继续更深入地探讨第一章里开始的关于宪法内容的讨论。第三章也延伸了第一章里提到的一个主题——判决意见书的写作。尽管你读这本书并不是为了要做最高法院的法官,但从法官的角度去看判决意见书的写作,以便更好地理解它们,对读者来讲是大有裨益的。

# 第一章 最高法院：决策人和教育者

美国宪法是我们国家的最高法律。联邦政府、州政府和地方政府，它们的立法、司法和行政分支，以及所有联邦和州的官员和雇员，必须按照宪法规定统一他们的行动、政策和法律（见第二章增补部分）。有时，这个任务很容易完成，因为宪法文本很精确。很少有人会对是否该由两名议员来代表一个州这个问题进行争论。然而，宪法里有一些词语和词组却不那么清楚。例如，第二条第一款规定只有"本国自然出生的公民"，才有资格当选总统。也许，这条规定是指总统必须是出生在美国本土的，而不是通过入美国国籍的程序而获得公民身份的。但是，对于出生在一艘在国际水域里行驶的美国轮船上的人来说，情况又会怎样呢？半开玩笑地说，"自然出生"这个词组是否把所有通过剖腹产出生的人都排除在总统职务以外？这些"愚蠢"的问题还没有得到正式解答，而我们还能够问这些问题，这一事实说明宪法文本并不总是清晰明了的。

显然，模糊或模棱两可的宪法文本，宪法不同部分的矛盾冲突以及一些省略都会使人对宪法的意思产生异议。事实上，联邦政府的不同部门之间，联邦政府和各州之间，联邦政府或地方政府与个人之间经常会有争论。因此，需要有某种方式解决矛盾，提供权威的解释。从1803年起，最高法院就开始发挥着这个作用。在"马伯利诉麦迪逊案"中（Marbury v. Madison 1803），最高法院宣布在某条法律或政策与宪法不一致时，宪法授权最高法院来作出决定。[①]

在这类问题上作出决定时，最高法院扮演了三个角色。首先，最高法院负责解决当事人之间的法律纠纷。法院的裁决对诉讼方都有约束力，明确诉讼双方的权利和义务这些法律关系。另外，最高法院在诉讼中的裁决确立了法律和原则，对下

---

[①] 最高法院不仅审查有关某项政策是否合宪的案件，还判决一些由于联邦法规该如何解释而引起冲突的案件。这些有关法规如何解释的案件不是本书的重点。

级法院有约束力。下级法院如遇到与最高法院裁决过的案例类似的案例，必须遵照最高法院的裁决。律师在给委托人（包括政府官员）提供意见，指出哪些是他们认为宪法许可或禁止的行为时，也会用到相同的判例。（最高法院确立了的判例是否对下级法院的案例有指挥作用，律师讨论的判例是否适用于客户现在的问题，这些往往有所争议，我们将在第六章进行讨论。）

其次，最高法院扮演了决策人的角色。通过规定哪些是宪法允许的，哪些是宪法不允许的，最高法院影响着公共决策的方向。（人们一般都认为，政府的其他部门得遵守最高法院的裁决。）立法机关想要追求的目标在最高法院这里可能被允许也可能不被允许，其达到目标所采取的方法情况也是如此。

第三，最高法院往往扮演着全国人民的教育者这个角色。作为国民，我们期待最高法院合理地行使其在政治、经济和社会上占重要地位的司法审查权力。在许多案例的最后陈述部分，最高法院会写一份判决意见书来为其所作出的判决提供解释和理由。这些判决意见书教育了大众，尤其是在我们这个媒体广泛大量报道法院判决的时代。有时，最高法院就像一位旧约里的先知，向全国人民宣告某些行为是不为宪法所接受的。有时最高法院又像苏格拉底式的老师，与政府的其他分支机构进行长时间的"对话"。在这些情况下，负责决策的分支机构先发表意见，最高法院作出回应，在意见书里说明"那是不被允许的"。接着，另一分支也作出回应，批准一个修改了的政策，相当于说："这个怎么样？"最高法院可能会回复："可以，但只有这样修改过才行。"

一些法官认为在执行这些功能的时候，最高法院有责任"使宪法切合目前的情况"，而另一些法官则认为宪法上的修改必须遵循正式的修正程序。这个关键的争论源自对于宪法的两种不同理解——它究竟是具有约束力的，将固定的基本价值观神圣化的法律文件，还是肯定我们的愿望，确立过去未被完全认可的新原则的文件？

## 宪法冲突

宪法冲突包括是与非的基本问题，社会公正的原则，权力和权威，压迫与自由，经济发展，甚至战争与安全。然而，是与非，自由与公平的表达方式与最高法院讨论这些争论的方式是不一样的。以最低工资问题为例。

在立法机构，是否应该通过一条要求雇主付最低工资的法律，也许要从自由市场与福利国家,或者保护贫困从业人口与失业的方面来辩论。一旦有关最低工资的法律被通过,它可能会在宪法上面临许多不同的挑战。例如:它可能会被质疑超出了美国宪法第一条对国会的授权,或者,可能被质疑违反了第十四条修正案中禁止不经过应有的法律程序就剥夺生命、自由或财产的规定。

决策语言与宪法语言之间的差异可以用一种不同的方式来阐释。对于美国的决策人来说,最重要的是怎样实践一个原则,该原则既尊重政治和文化差异的对立,又不至于走极端,导致社会不团结。最高法院扮演了一个"领航员"的角色,为国家这艘大船掌舵,使其不偏离这条航道。但做到这一点,它使用了源自宪法文本的语言和概念。因此,涉及这些问题的法院判决意见书里都提到了平等保护和宗教自由这些概念。

我们要意识到,法律语言不仅仅是决策语言或道德语言的逐字"翻译"。这一点很重要。例如,第十四条修正案里的"法律的平等保护"这个词组。你不能想当然地认为这个词组跟你最喜欢的道德哲学家谈到的平等意思相同。

由于最高法院的判决意见书是以宪法的语言谈论社会政策的基本问题,所以很重要的一点就是要通过研究宪法本身来更进一步地理解这些判决意见书。

## 宪法概述

宪法有以下五个基本特征:
- 涉及国会、总统和最高法院之间关系,他们各自的权力以及这三个分支机构的官员是怎样选举和任命的条款;
- 调节联邦政府和州之间关系的条款;
- 保护个人的自由、隐私及其他权利不受政府侵犯的条款;
- 保证人们享有法律的平等保护或禁止有害歧视的条款;
- 第一修正案里调节政府和宗教之间关系的两个条款。

当然,宪法还有其他重要的条款(例如,第四条第三款规定了新州加入美国的权限;第五条确立了修订宪法的程序;第六条宣布宪法是本国的最高法律)。尽管还有其他的宪法条款,但我们只需要通过讨论以上列出的五个特征就可以对宪法的框架和最高法院的解释作用有一个总体了解。

在大多数情况下,不难确定违约方是政府实体(联邦、州或地方),政府官员,还是个人行为者。然而,也有引发诉讼来决定该问题的"灰色"地带。所以,最高法院制定了各种标准来解决违约方究竟是"州"行为者还是个人行为者这个问题，以及因此而产生的宪法能否被用在针对违约方的诉讼案里。典型的灰色区域是一个私人实体与政府以某种方式牵连在一起——牵连的性质和程度是法院调查的内容，这些内容决定私人实体是否因为其目的而被看成是"政府"行为者。一个私人实体，例如一所私立大学，即使接受政府的援助或者从州政府获得特许状，也不能成为"政府"行为者。根据案例，私人实体和政府之间的"纠缠"在性质上和数量上一定是不同的。这些都是法院在一个个案例的基础上所作的决定。因此，法院判决，全国大学生体育协会（尽管该组织的诸多成员都是公立的大学和学院）不是政府行为者，但是田纳西州中学体育协会却是"国家行为者"["全国大学生体育协会诉塔卡尼亚案"（National Collegiate Athletic Association v. Tarkanian 1988)、"布赖特学院诉田纳西州中学体育协会案"（Brentwood Academy v. Tennessee Secondary School Athletic Ass'n 2001)]。

违约方是否被视为"国家行为者"是宪法诉讼里的门槛性问题。如发现违约方不是"国家行为者"，那就意味着该案件无法作为宪法案件处理。如这起诉讼要继续进行，则必须依赖非宪法理论，例如违反法规，违反合同，或者将它作为造成某种人身伤害的侵权案件进行诉讼。

也许宪法的这种现实性导致了一些令人吃惊的结果。例如，一位父亲连续两年打自己的幼子，当地官员知道了这件事情，但是并没有采取任何措施使孩子脱离父亲的照看，直到孩子的脑部受到损伤。上述例子有没有涉及宪法？最高法院的回答是否定的。首先，这位父亲的虐待行为是一个单个个体对另一个体的施虐行为，宪法本身没有对此行为作出规定（国家刑事法律则有所规定）。其次，当地社会服务机构无作为，也不违反宪法，因为宪法并不要求政府保护公民的生命、自由和财产。"宪法被当做国家执行权力的一种限制，而不是最低安全和治安水平的一种保障"["蒂纱尼诉温尼贝戈郡社会服务部案"（DeShaney v. Winnebago County Department of Social Services 1989)]。事实上，宪法并没有规定警察有回应反复求助的义务。["城堡石诉冈萨雷斯案"（Castle Rock v. Gonzales 2005)]。

## 让最高法院发挥作用

最高法院在以上列出的五个区域里都发挥了教育者和决策人的作用。现在让我们看看最高法院进入决策过程的例行方法和程序。

与联邦政府其他分支机构形成鲜明对比的是,最高法院不会主动把自己推到政策舞台上,发表意见书宣布这项政策是宪法允许的,那项政策是宪法不允许的。只有在某人提出诉讼,到法院来要求判决时,法院才能有所行动。要清楚这些案件是怎么到最高法院的,我们需要快速了解一下联邦司法系统。

**联邦司法系统简述**

联邦司法系统包括四种基本法院:处理例如习俗以及专利上诉之类具体事务的一小部分专门联邦法院,位于美国各州及准州的联邦地方法院,美国上诉法院以及美国最高法院。我们将不再进一步讨论专门法院。(如需更多有关联邦司法系统和最高法院的信息,可以访问以下网址:www. uscourts. gov/、www. fjc. gov/、www. Supremecourtus. gov/。)

**联邦地方法院**是联邦系统的初审法院(也就是说,这些法院是法律诉讼开始的地方,接收证据,审问证人以及一审判决都在这里)。目前美国各州及准州共有94个联邦地方法院,679位法官。拥有一个以上联邦地方法院的州被划分为不同区域,这样就会出现有一个地方法院对口纽约西区,另一个地方法院对口南部地区这样的现象。这些法院均有刑事和民事(也就是非刑事)审判权。因此尽管这些法院审理各种各样的案件,我们只需要注意联邦地方法院只会审理涉及"联邦问题",联邦宪法问题,或者由某条联邦法规引起的诉讼案件以及联邦刑事案件。联邦法院不受理仅仅涉及州法律问题的案件。纯粹的州法律案件必须最早由州法院审理,美国最高法院不会对此类案件进行复审。

涉及民法的宪法案件一般是从联邦地方法院开始,有人提出控告,声称联邦,州或当地政府某个分支机构的某项法律、政策或行为违反了宪法。宪法问题在刑法里会以不同的方式出现。在这些案件里,当联邦或州政府对某人的犯罪行为提起公诉,整个冲突也就开始了。这时,刑事被告可能会对自己所被指控违反的刑法提出宪法性的挑战。通常被告声称警方非法行动,违反了第四条或第五条修正案里规定的他们的权利。例如,被告可能会说他或她在没有律师在场的情况下被不恰当地审问,或者证据是以非法的方式获取的。当被告提出审讯本身是在违反宪法条款的情况下进行的(如,没有用公费为他或她请代理律师),这时就出现了宪法问题。

不管这个宪法问题第一次是怎样提出的,初审法院对这个问题的裁决接下来可能会被移交到具有一般审判权的联邦系统的第二层,即**美国上诉法院**。美国的

## 联邦最高法院的观点

13个上诉法院是处于联邦地方法院和最高法院之间的中级上诉法院。国会将整个国家按地理位置划分为12个管辖区,包括哥伦比亚区在内,每个州都被分派给一个管辖区(第十三个管辖区,也就是联邦管辖区,由三个专门的联邦法院组成)。大约有180位上诉法院的法官被分派到各管辖区,并且不同的管辖区法官数量不等。例如,第九管辖区有28个法官职位,而第一管辖区只有6个。一般3个法官审讯上诉案件,但有些案件是全席审理的,即被分派到该管辖区的所有法官一同审理(一般上限是9名法官)。

一般来说,在联邦地方法院输的一方有权向适合的上诉法院提出上诉。该法院必须对特定的有原始审判权的联邦地方法院具有管辖权。因此,由纽约南区地方法院作出的判决必须要上诉到第二管辖区。这些上诉法院还审理联邦行政部门的决议,例如美国联邦通信委员会。一个人提起上诉可能不仅仅是因为他对结果不满意;上诉一定会提出下级法庭犯的法律上的错误。上诉法院不会重新审理该案件,收集新证据或者再次审问证人;他们只是复查联邦地方法院诉讼过程中的文字记录,看看已经在该诉讼过程中提交的证据,然后决定联邦地方法院在法律上有没有犯错(例如,错误地理解了判例、法规或宪法本身)。

在我们讨论最高法院之前,应该意识到这样一个事实:各州有各自的多层司法系统,包括专门法院、初审法院以及许多不同层次的上诉法院,其中一般都有一个州最高法院。(得克萨斯州是一个特例,该州有两个州最高法院,一个受理民事案件,另一个受理刑事案件)在州法院,可能会提出联邦法律的问题以及联邦和州法律在美国宪法下的合宪性的问题。(人们不会以违反了州宪法为由反对联邦法,因为联邦法是继美国宪法之后的最高法。)最高法院可以复审州法院的关于联邦法和州法律合宪性的判决。

**最高法院的审判权**

最高法院的审判权有两种。美国宪法第三条第二款赋予最高法院在某些案件中的**原始审判权**。(原始审判权包括影响到大使、部长和领事的案件,以及以某个州为当事人的案件,也就是说州与州之间的纠纷,州与联邦政府之间的纠纷,以及某些由州提出的诉讼。在这类案件中,最高法院可以从案件初期开始受理,审讯,通过判决,而不仅仅是作为一个上诉法院那么简单。)在最高法院的原始审判权方面,只有200多起案件。我们在此不会进一步讨论。

宪法主要用来处理涉及最高法院**上诉审判权**的案件。（即要求最高法院复审下级法院判决的一些案件，确定是否有法律错误。）宪法第三条第二款授予最高法院上诉审判权，但要视"国会制定的法规或例外"而定。依照其上诉审判权，最高法院可以复审联邦法院系统和州法院系统里的宪法议题。

一桩案件要提交到最高法院，有几种途径。可能其中两种最重要的方式是**人身保护令**（"出示身体"）和**调案复审令**。人身保护令由囚犯们提出，他们声称对他们施行监禁违反了宪法赋予他们的权利。因此，举例来说，死囚区的囚犯们就可能会利用该令状要求复审他们的死刑。但大部分案件是通过申请人提出调案复审令的方式到达法院的。这仅仅是请求最高法院行使其酌处权来审理该案件。提出调案复审令申请，是为了寻求对以下几种判决的复审（28《美国法典》§§1254，1257)：

- 所有经联邦上诉法院判决的案件；
- 由州最高法院判决的案件，其中某项条约或法规因为与美国的宪法、条约和法律不一致而对其有效性产生了质疑；
- 仅有三个法官的联邦区法院所作出的判决（强制性的）。

前两种情况的复审并非必须的，只有当四名法官都认为该纠纷有足够的重要性需要最高法院复审时，才会获得批准。① 法院会拒绝大部分调案复审令的申请。提起诉讼的有多达 7000 起案件，而法院仅仅受理一小部分；近几年仅有 80 至 90 桩案件被审理，并给出了完整的判决意见书。审核调案复审令的任务落到了书记员身上。过去每个法官的书记员负责复审所有的令状，如今，大多数法官都会参加"复审小组"。在这种情况下，调案复审令申请就在参加复审小组的法官的书记员之间进行分配，书记员据此准备的复审备忘录就在参加复审的法官间传阅。

尽管许多学者做出了努力，但对于是否准许调案复审令这个问题所涉及的"策

---

① 除了前面提到的要求，如果某项诉讼不满足其他的要求，最高法院不会复审，也不允许下级联邦法院受理该案。该诉讼案必须涉及真正敌对的双方之间的真实纠纷，其中一方已经受到伤害或一方的某项法律权利面临受到直接损害的威胁。这种说法大致归纳了大部分宪法中涉及诉讼当事人是否有"诉讼权"求助于联邦法院的审判权这个问题。需要注意的是，除了这里提到的"诉讼权"要求，该案件还必须符合其他要求。它不能是"模拟案件"，必须是"成熟的"；必须含有真正的"案件"或"争议"；不能含有"政治问题"，必须满足其他审判权的要求。法院考虑的其他标准有：该案件是否存在重要法律问题，下级法院与最高法院以往判决之间的冲突，是否背离了公认的一般审判程序。法官们也会根据自己对政策的喜好来决定该审讯什么样的案件。也就是说，某法官可能会因为某个案件能提供机会推进他的政策目标而选择审讯该案件。

9

略",我们还是不能完全了解。我们知道,当法官们预测复审某些案件的结果会使他们的观点无效时,他们会避免复审这些案件。因此法官们会对调案复审令进行所谓的"防御性拒绝"。

对调案复审令的拒绝意味着下级法院的判决保持有效。然而,需要注意,对调案复审令的拒绝不是"根据是非曲直"所做出的决定,这一点很重要。也就是说,它并不一定意味着法院承认了该上诉案件判决的正确性。与该案件是非曲直无关的技术性考虑可能是拒绝的基础。["马里兰州诉巴尔的摩电台节目案"(Maryland v. Baltimore Radio Show 1950)]。

顺便提一句,1988年之前有一组案件是按照"上诉"原则被复审的,对这些案件来说最高法院复审是强制性的。当一个案件以其"强制性上诉"审判权来到最高法院时,上诉的一方被称为**上诉人**,另一方则是**被上诉人**。所有其他案件得按照调案复审令的程序来走。如果案件是以调案复审令的方式来到最高法院的,那么寻求撤销的一方为**原告**,另一方为**被告**。1988年国会取消了最高法院的强制性上诉审判权,目的是让它自己决定审理或者不审理哪些案件。

一旦被同意进行复审,案件就按以下程序进行:上诉人/原告及被上诉人/被告提出诉讼要点(即书面的法律论据,必须按照规定的格式写),然后双方在最高法院所有的九位法官面前口头陈述各自的立场(各方通常只被分配半小时的陈述时间)。口头陈述结束后,案件就可以由最高法院作出判决。

如今,最高法院会公布重要案件口头陈述的录音带。人们也能从某些图书馆里获取诉讼要点的副本。有时候如果有重要案件,一些组织如斯坦福大学和密歇根大学的法学院图书馆会将其放在万维网上。

**最高法院决策和论证的程序**

在《司法判决》(1961)这本书里,理查德·瓦瑟斯壮区分了"发现程序"和"论证程序"。[①] 发现程序是涉及达成判决的程序,例如,原告应当胜诉。论证程序是用来公开提供理由支持判决的程序。从怀疑的角度来看两种程序之间的关系,论证程序仅仅是将判决合理化,而该判决可能会以完全不同和未被揭露的原因而达成。

---

① Richard A. Wasserstrom, *The Judicial Decision* (Stanford, Calif.: Stanford University Press, 1961), p. 27.

公开提供的判决理由不需要,可能也不会影响、决定或产生判决。从不那么怀疑的观点来看,法官一开始就有一个模糊的结论,然后努力寻找前提和论点来支持这个结论,如果找不到合理的论据,他或她可能会摈弃原有结论并寻求其他结论。如果人们接受这种观点,那么判决理由也许会与判决有关联。因此,关注使用过的各种论证和充分论证的标准是很重要的。这样做的理由是这些判决意见书对下级联邦法院和州法院来说是必须遵守的先例。

读过案情提要,听完口头陈述,最高法院的法官们开会讨论案件并投票表决。讨论会一开始,首席法官简要介绍案件的情况,讨论和投票按法官资历降序进行。法官们的讨论不仅仅关注案件的基本事实,还关注一些"门槛"问题,如法院是否应该避免仅靠事实作出判决,因为案件是模拟的,或者法院缺乏正当理由。至于事实真相,法官们甚至可能对于一些问题有不同意见,如宪法的哪项条款适宜被用来判决该案件,以及某项特定的条款是否意味着该法律不合宪。

为了取得最后的结果,决定哪一方赢,哪一方输,九个法官中至少要有五个投票支持这一结果。法院宣布的法律提案只有得到至少五个法官的支持时才对下级法院有约束作用。首席法官只有一票,从这个意义上来说,他不比其他任何一个法官有更大的权力。

在某个特定的案件中,是什么导致某个法官以某种方式投票,这是发现程序的一部分。一旦投票表决了,法官们就进入了论证程序。谁才有责任写这份公开的论证书——判决意见书呢?如果首席法官投票赞成多数(即九个法官中五个及五个以上的法官)的意见,则他或她有特权分配书写多数判决意见书这个任务。首席法官可能把书写多数判决意见书的草案这个任务分配给自己或者处于多数的另一个法官。如果首席法官投票赞成少数,那么处于多数里的最资深的法官拥有分配任务的特权。控制判决意见书书写这项特权对于判决意见书的最终判决理由说明有着重要影响。

事实上,投票程序和讨论会之后的选票转换可能会造成不同的投票模式的产生,据此也会产生不同的判决意见书。投票表决结果可能是大家意见一致,最后只有一份判决意见书,九位成员都在上面签名。法官们也可能意见不一致,分为多数(五个或五个以上成员)和少数。在这种情况下,可能会有几种不同的判决意见书:

- 可能有一份**多数意见书**(由处于多数的所有法官签字),一份或多份**异议意见书**。异议意见书没有正式的法律效力。

- 法院在意见不一致时可能会颁布一份或者多份特别的**共存意见书**。在这种情况下,书写共存意见书的人可能在判决结果上同意多数人的意见,但不同意多数人的推论。例如,"劳伦斯诉得克萨斯州案"(Lawrence v. Texas 2003)的多数判决意见书取消了肛交法律,理由是它侵犯了自由,然而共存意见书发现该判决不合宪,因为它否定了法律的平等保护性。如果共存意见书达到形成判决所需要的多数即五票,那么它就具备法律效力。

偶尔,法院的意见相当分散,无法形成多数意见。在这样的情况下,可能仅仅只在判决结果上能形成多数意见(例如,原告胜诉,但在支持这个结果的一系列推论方面无法形成多数意见)。在这种情况下,同意判决的属于多数意见的法官们可能在其内部再划分,签署**相对多数意见书**,例如,三个法官,一份或多份同意该判决,但理由各不相同的共存意见书(有时"最高法院判决意见书"分为几个部分,除了法院的多数意见,还有其他部分是法院相对多数意见)。当然,这种情况下仍然可能有异议意见。在判决理由上不能形成多数意见的话,判决结果作为判例的价值不高。在这种情况下,要决定应该服从的既定原理就要求对相对多数意见书和其他共存意见书进行仔细解读。

最高法院有时会出现仅有八个成员参加判案的情况。例如,某位法官可能出于一系列的原因要求取消自己参加审判的资格,或者最高法院可能由于某位法官去世或退休而暂时只有八位成员可以担任审判工作。在这些情况下,法院判决的投票结果可能会分成四对四,在这样的情况下下级法院的判决保持有效。

"加州大学校务委员诉巴基案"(Regents of University of California v. Bakke 1978)说明了情况的复杂性。鲍威尔大法官书写了"最高法院"的判决意见书,但他是唯一一位完全同意那份判决意见书里所写内容的法官。粗略地说,有其他四位法官同意他所说的一部分内容(但同意的原因不相同),这样就形成了五个人的多数,赞同判决意见书的一部分。同时,上述五位法官不同意这份判决意见书的其他部分。然而,另外几个法官们同意鲍威尔意见中的另一部分,但同意的原因再次不相同。因此,又形成了包括鲍威尔在内的五个人的一组,支持大法官鲍威尔写的一部分内容,并对另一部分有异议。这则案例说明,法官们可以书写共存意见书,部分同意判决,部分持有异议。在另一个有关种族的案件——"社区学校家长诉西雅图一号学区案"(Parents Involved in Community Schools v. Seattle School District No. 1 2007)中,有一份"法院判决意见书",但它的精选部分仅仅得到四位法官的支持,而其他部分有五人的多数支持。还有两份共存意见书,支持该案件中的基本意见,但支持的原因却不同(见第九章)。

值得一提的还有**共同决议**(法院的)意见书,它在一份简短的未署名的意见书里宣布多数人的意见。这份意见书可能附带九份单独的共存意见和异议意见,共十份意见书,而十份意见书是一个案件中可能出现的判决书数量最多的情况["纽约时报公司诉合众国案"(New York Times Co. v. United States 1971)]。

草拟判决意见书的过程,正如人们可能预计的那样既复杂又易变。被指派书写多数意见书的法官在三到四位律政书记员的协助下草拟一份意见书。这些书记员是刚从法律学院毕业的学生,在校时学习成绩优异。尽管每位法官使用书记员的方式不同,但是比较普遍的做法是,书记员们在协助法官时,会概括成千上万的复审请求,审核并评论人身保护令,做法律研究,书写法律备忘录,甚至书写最后以法官的名义颁布的判决意见书的草案。

一旦多数意见书草拟好后,负责该意见书的法官就将其在持多数意见的其他法官中传阅,以进行审核和评论。持异议者也开始起草他们的意见书。这些最初的草案可能会经过多次修改,因为法官们会就他们的意见书中的措辞进行协商,并且把多数意见书和异议意见书中的论点纳入考虑范围内。在这个过程中,法官们可能会改变态度。一项调查发现,百分之十的法官在讨论会和宣布判决的这段时间当中转变立场。① 在此过程中,联盟可能形成然后又解体,接着新的联盟可能形成。一开始占多数的意见可能会变成异议意见。

大多数时候,这些投票的变化会使持多数意见的人数增加,但是刚刚提到的那项调查发现,大约在百分之九的情况下,一开始的少数意见会由于投票时立场转变而变成多数意见。这些立场的变化大部分都不是通过法官们的面对面交流互动造成的;意见的交流大部分是通过交换书面文件实现的。法官之间面对面的交流多局限在讨论会和法庭上。但是,据报道,讨论会本身不过是法官们陈述自己立场,而不是以达成一致意见为目标的真正磋商。

在讨论会和宣布判决之间的一段时间里,立场转变并不是所能发生的唯一变化。在书写意见书时,法官可能仅仅为了写出一个不同的辩护理由而开始以某种

---

① Saul Brenner,"Fluidity on the Supreme Court:1956—67," *American Journal of Political Science* 26 (May 1982):388-399

## 联邦最高法院的观点

方式去论证判决。讨论会之外,持多数意见的法官们寻求构建一把确保大家舒适生活的保护伞时,会造成严重和强烈的冲突。大法官霍姆斯在谈论这个过程时将其比喻为"这帮男人一般会割掉其中一个人的生殖器"。① 不管撰写判决意见书的过程有多么困难,法官们斗争的证据一般是不会出现在意见书里的。事实上,已故的布莱克大法官曾经这样向大法官布莱克曼建议:"哈里,永远不要在意见书里公开显露痛苦。要将它表现得如同水晶般清澈透明。"②

因此,对宪法的解释从许多方面来说是一个政治过程。首先,它包括对要发表的判决意见书的形式进行反复谈判。其次,解释宪法并按照某种对宪法的理解所采取的行动对社会上真实的人和制度习俗有直接的后果,会影响到谁,什么时候,以某种方式得到什么。生命与死亡,财富与命运,战争与和平,尊严和敬重,自主和自由都是在宪法冲突中涉及的问题。法官们了解并认识到,他们的判决的重大意义不仅仅局限于他们面前的诉讼双方,而是延伸至他们以外的当今或者将来不计其数的人们。法院的判决会影响到政府部门,法院本身和整个国家。

另外,解释宪法这项行为本身不可避免地涉及法律理论的应用——宪法本质的理论概念,包括关于民主的理论以及关于宪法根本原则的理论;关于解释宪法、公正、道德以及特定问题和选择的策略的理论。除此以外,解释宪法这项行为还要求对世界、人类、社会的运作及其问题、历史视角和传统有总体了解。例如:要决定宪法禁止"残酷和不寻常的惩罚"是否应该被解读为禁止死刑,这需要法官发展(尽管有时是下意识地)关于解释宪法的一个理论,该理论本身需要具备法律和语言的哲学。法官还必须增进对处罚理论的理解,进一步洞察在不同的社会、经济和种族背景下由现代的刑事司法系统所执行的死刑产生的实际效果和社会后果。

有人可能会像政治科学家那样问道,法官们的判决是基于经过共同审议后理由充分的判断,还是主要依靠他们固有的政治思想?有大量的研究支持这样一个结论:每位法官的思想和态度是他们所采取的立场的最好解释,官方的意见书"只

---

① Quoted in Walter F. Murphy, James E. Fleming, Esq., and William F. Harris Ⅱ, *American Constitutional Interpretation* (Mineola, N. Y.: Foundation Press, 1986), p. 60.
② Quoted in Howard Ball, *Courts and Politics* (Englewood Cliffs, N. J.: Prentice-Hall, 1987), p. 277.

不过是合理化的意见"。然而,正如其他所有研究一样,这些发现需要在各种不同的基础上被质疑。① 例如,我们知道,当在法院服务的这些男男女女们经历这种审议的程序后,他们对于面前的争议所采取的立场,或许会与他们成为法官前作为政府机关工作人员时所采取的立场截然不同。在重新任命这个问题上大法官沃伦采取了与他当加州州长时不同的立场,他对自己的书记员说:"我当州长时的立场是错误的。"②

更有争议的一个问题是法官们的行为是否与党派政治有关。最高法院 2000 年通过了一个有争议的判决,该判决使共和党候选人乔治·W. 布什当选为总统。在那之后,有人提出指控,认为共和党出身的前任总统们任命的法官是出于党派原因作出判决的。尽管大法官托马斯声称最高法院不受党派或政治因素的影响,那些怀疑依旧存在。③

## 司法主权

偶尔投射到最高法院的一项指控是它一直寻求"司法主权",并且不再接受政府其他部门有平等的解释宪法的权力。这项指控的一种说法是最高法院颁发了一些规定,不同意国会或总统认为符合宪法的事情。然而,任何一项裁决某项政策不合宪的判决都可以被攻击为在行使"司法主权"。"事实上,最高法院每次废除一项法规,法官们总是维护他们自己宪法判断的最高权威,并不明说其他'分支机构没有平等解释宪法文本的权力'。"④

有关司法主权指控的另一说法实际上提出了一个根深蒂固的问题:从哪种意义上说最高法院对宪法的解释应该成为美国的最高法律?一个人们都会同意的答案是,就某个案件来说,涉案方都必须遵守法院的裁决。案件的一方如果无视法院的裁决,就是蔑视法院。每个人也都会同意,最高法院的裁决形成先例,下级法院必须遵守,而最高法院自身也应该按照遵循先例的原则去执行(见第六章)。同样,

---

① Frank B. Cross, "Political Science and the New Legal Realism: A Case of Unfortunate Interdisciplinary Ignorance," 92 *Northwestern University Law Review* 251 (Fall 1997).
② Quoted in Bernard Schwartz, *Decision* (New York: Oxford University Press, 1996), p. 105.
③ Jack M. Balkin, "Bush v. Gore and the Boundary Between Law and Politics," *Yale Law Review* 110(June 2001):1407–1458.
④ Jed Rubenfeld, *Revolution by Judiciary* (Cambridge, Mass: Harvard University Press, 2005), p. 159.

## 联邦最高法院的观点

人人都会同意,即使最高法院说某项行为是宪法许可的,国会和总统并不需要拥护这项裁决(例如,总统可以自由否决立法,理由是在他看来,这是不合宪法的,即使最高法院说它是宪法许可的)。大部分人也会同意,政府机关工作人员可以自由批评法院的裁决,甚至可以试图通过宪法修正案或把那些最终会驳回判决的人安排在最高法院来推翻裁决。大家都会赞同这一点:政府的其他分支机构可能会颁发一项政策或法规,该政策或法规在实质上与被最高法院废除的政策或法规是有区别的。例如,在"得克萨斯州诉约翰逊案"(Texas v. Johnson 1989)中,法院废除了一项得克萨斯州的法规,该法规禁止"行为人在知道会严重冒犯"可能看到该行为的人时焚烧旗帜。后来国会又通过了一条法规,禁止损坏国旗。这项新的法律没有将"这一行为所传达的信息"作为目标,因此获得宪法许可。然而,法院不同意,废除了该法律["艾克曼案"(United States v. Eichman 1990)]。国会试图草拟一项法律保护国旗,尽管是合法的,但这种努力并未成功。大家普遍认为,立法者也许有理由相信,由于最高法院的组成人员产生了变动,如果该案件再次来到最高法院,法院会推翻原来的判决。因此,尽管有之前的裁决,可能还会有新的法律被通过,以试探这些司法人员的反应。在"冈萨雷斯诉卡哈特案"(Gonzales v. Carhart 2007)中,就发生过这样的事。在判决里,法院支持禁止晚期堕胎法,而之前,法院是反对禁止晚期堕胎法的。

以下还有两种局面,其中司法权受到争议。假设法院废除了某条法律,认为它超越了第一条规定的国会的权力。国会现在是否被迫不要再采用同一条法律,因为了解到如果再次挑战该法律,它可能再次被废除?在另一种情况下,法院宣布在公立学校强制性地分离种族是不合宪的["布朗诉教育委员会案"(Brown v. Board of Education 1954)]。在"库珀诉亚伦案"(Cooper v. Aaron 1958)里,维护种族隔离主义的州长干涉学区事务引起混乱之后,小石城学区在联邦区法院提出诉讼,要求推迟种族融合计划。这项计划是该学区在缺乏司法命令时为了遵从布朗案里的决议而自愿接受的。最高法院裁决,鉴于该州政府官员的干涉使法院的任务更加困难,当地官员无权推迟废除种族隔离的计划。因此,库珀案清楚地暗示,当地官员被要求废除种族隔离,按照布朗案的判决去做,尽管法院并未直接命令他们这样做。法院继续处理了州长(以及州议会)的行为前提,该前提为:他们不是布朗案的诉讼当事人,因此不受布朗案判决的约束。作为回应,最高法院在法官意见里表明,最高法院已经解释了宪法后,任何州行政官或立法者都不能"与之对抗"。解释法律是最高法院的天职。另外,"联邦司法部在阐述宪法方面是至高无上的"。布朗案的判决是美国的最高法律;并且宪法第六条也规定它对各州有约束力,"尽管会和州的法律相悖"。

公务人员也需要意识到,根据联邦的法令,他们有义务不去侵犯明白确立的、他们理当知道的联邦权利["哈洛诉菲茨杰拉德案"(Harlow v. Fitzgerald 1982)]。侵犯了这些明白确立的权利会使官员们面临损害赔偿的诉讼。

## 最高法院判决意见书的基本特征

在这章结尾,我们来复习一下法院判决意见书的标准构成要素。首先是**标题**。判决意见书的标题基于争议双方的名字。名字列在前面的一方是要求撤销下级法院判决的一方,而名字列在第二位的一方要求维持该判决。前面我们提到了要求撤销和维持判决的人可以被称为上诉人和被上诉人,或者原告与被告。

实用贴士:此时可以在判决意见书里寻找暗示,看下级法院的判决是被维持了还是被撤销了,是上诉人/原告胜诉还是被上诉人/被告胜诉。了解这些有助于你更好地理解判决意见书。

第二个主要构成要素是列举**案件事实**:谁在什么时候,以哪种方式对谁做了什么,为什么要这样做。这些实际上是案件中的**既定事实**,即要被审判法官或陪审团判决,对争论来说特定的事实。

例如,三K党的成员在焚烧十字架的时候究竟说了什么["弗吉尼亚诉布莱克案"(Virginia v. Black 2003)]。注意,法官们在对案件进行特征描述和解读时也许会意见不一致。在焚烧十字架这桩案件中,多数意见认为焚烧十字架可以是一种表达共有思想的方式,而持异议意见的托马斯大法官认为焚烧十字架仅仅是一种有意威胁的行为。意见书还会明确涉及该冲突的相关法令、法规或政策。

确保注意该案件的**历审程序**。意见书会描述谁在初审法院上进行了控告,结果如何,谁向中级上诉法院上诉,结果如何。意见书还会说清谁现在正向最高法院提出上诉或起诉。了解这一连串的事件会帮助我们了解意见书的其他部分。尤其重要的是谁要求最高法院复审。

接下来,我们要寻找案件里的**法律要求**或法律论点。原告有什么要求?被告怎样应答?上诉人/原告上诉时提出的要求有哪些?被上诉人/被告的回答是什

17

么？寻找所提出的被违反的宪法的具体内容，为什么上诉人/原告认为它被违反了。同样，要注意被上诉人/被告的回答。上诉人/原告可能提出几个有关宪法的要求，涉及宪法的不同部分，每一部分可能有其他论据支持该要求。

接下来我们可以寻找案件里的**争议点**。争议点就是一些问题，要求撤销原判的一方与要求维持原判的一方对这些问题会有不同的回答。以某种方式回答这个(这些)问题，上诉人/原告胜诉；以另一种方式回答，被上诉人/被告会胜诉。注意，有时判决意见书本身会明确争议点("本案件的争议点是……")，有时则不会。我们得自己明确争议点。有时候，持多数意见，共同意见及/或异议意见的法官们会在如何叙述关键争论点这个问题上有不同意见。例如，某法官也许会说案件里的关键争议点是**原告**是否指出，政府在要求男人，而不是女人进行征兵登记时，对男人和女人的区别对待并不会很好地服务国家。另一位法官可能会说争议点是**被告**政府是否指出将女人纳入登记项目会阻碍其征兵登记计划["罗斯特克诉戈尔德堡案"(Rostker v. Goldberg 1981)]。

现在我们来看看判决意见书的正文。它就已选的"辩护策略"(见第七章)而展开。判决意见书的这些部分宣布了法院的判决，概括了赔偿办法(如果有赔偿的话)。法院通过给争议点提供答案，论证了其判决和赔偿办法的合理性。法院可能会对案件双方的论据给出评论、分析和反应。判决意见书可能会接受、拒绝、修改或忽略这些论据。另外，持多数意见的法官们可能会批评持异议意见的法官们，反之亦然。有时候这些争论会非常激烈(见第九章)。

作为辩护策略的一部分，我们会发现法官们利用审理规则、原则、原理、准则和标准，它们都起源于法官对宪法原意和先例的解读(这些概念将在第五章和第六章里进一步讨论)。另外，法官们会经常依靠其他历史的和经验的事实，即**背景事实**，这些事实不是由初审法官或陪审团决定的。例如，"青少年的性格不像成年人那样已完全形成了"["罗珀诉西蒙斯案"(Roper v. Simmons 2005)]。

学法律的学生经常被鼓励(如果不是被要求的话)去"概述"教师布置他们阅读的案例。案情摘要不过是一份司法判决书的小结，是记录案例的一种方式。这些案情摘要可以以不同的方式组织起来，以下是案情摘要的一种形式：

- 案件名和日期。
- 案件事实(既定事实)(谁在什么时候以什么样的方式对谁做了什么？为什么这样做，等等。在描述事实时应提到被质疑为不合宪的特定的法律、政策或行为以及它们不合宪的理由)。
- 投票表决(有多少法官持多数意见,共同意见和异议意见;多数意见书的撰写者,其他意见书的撰写者)。
- 案件的历审程序(联邦地区法院的判决,上诉法院的判决,谁向最高法院上诉)。
- 争议点或问题。
- 多数(裁决)提供的问题的答案。
- 多数意见书论证小结(见第七章辩护策略)。
- 多数意见书的判决理由(见第六章)。
- 其他有意义的意见书(共同,异议)。

案情摘要不仅给我们提供了一份判决意见书大纲,还有着重要目的。提供案情摘要的过程,帮助我们将精力集中到判决意见书的真正重要部分。因此,做案情摘要是缺乏经验的法律研究者进行自我约束的有益形式。更有经验的研究者认识到做案情摘要对不谨慎的人来说有一些陷阱。因为试图将一份复杂的 30 页的判决意见书概括为一两页,不可避免地意味着许多重要的材料不会出现在案情摘要里。尽管案情摘要能更方便地提示我们判决意见书的内容,但它无法代替判决意见书里充分的描述和分析。

**实践指南**

1. 宪法只与政府的诉讼有关,而广义上的政府包括执行政府功能的个人、机构和组织。在涉及政府以外的其他被告的法律纠纷中,就必须依赖宪法以外的其他法律(例如,联邦或州法规,或者普通法)。

2. 当处理一项你认为应该送到最高法院的纠纷或冲突时,首先决定它是否为最高法院有审判权的纠纷。

3. 在最高法院打官司的总费用是相当高昂的。在你决定向最高法院上诉时,必须考虑以下因素:(一)法院审理这桩案件的可能性;(二)胜诉的概率;(三)如果上诉获得许可,打官司的费用是多少;(四)如果下级法院的令人不满意的判决保持有效,则与之相关的费用是多少。

4. 要求上诉到最高法院或已经成功地使法院审理其案件,必须遵守法院特定的规则。这些规则可在以下网址找到：http://www.supremecourtus.gov/ctrules/rulesofthecourt.pdf。

5. 在准备打官司时要记住，所有在最高法院出庭辩护的律师会相当熟悉与他们案件中的问题相关的先例。律师必须要熟记与他或她的案件相关的判决意见书的所有细节，不管是否对其客户有利。

6. 以下是可以了解更多关于最高法院及法官们的一个有趣的网站：http://www.oyez.org。

# 第二章 宪法概要

第一章概述了宪法的五个主要特征。本章将针对这五个特征进行详述,概括最高法院在这五个特征的意义形成过程中所扮演的角色。

## 最高法院作为行政、立法和司法机关职权的监管者(第一个特征)

### 司法权

宪法确立了联邦政府的三个分支机构,并规定它们各自的职权范围。由于仅对三个分支机构授予的职权进行了笼统的定义,因此针对权力范围的争议纠纷经常发生。以**司法权**问题为例,宪法第三条授予最高法院"司法权"。此项一般授权并未明确地赋予最高法院权力以审查国会批准并由总统签署的法规的合宪性。因此,要回答"司法权"的定义是否包括**司法审查权**(即判定政府其他部门行为是否违宪的权力)这个问题,必须借助其他材料。最高法院在其早期审理的一个案例中解决了该问题。

在"马伯利诉麦迪逊"(Marbury v. Madison 1803)一案里,首席法官约翰·马歇尔写道:最高法院确实有权,甚至有义务审查国会通过的法案是否符合宪法。首席法官为法院行使这项权力提供了诸多正当理由,包括以下几条:

1. 宪法是法律的一种形式。实际上,它是国家最高法律。
2. 作为最高法律,宪法约束最高法院。
3. 联邦法规与宪法相冲突时,则该法规无效。
4. 当案件涉及联邦法规与宪法相冲突的情况,法院必须决定是使用联邦法规还是使用宪法进行案件的裁定。
5. 由于宪法高于任何普通法,最高法院有义务执行宪法,否则将颠覆成文宪法原则。

（一些学者批评其合理性，理由是它回避了由谁决定宪法定义的问题。虽然马歇尔认为最高法院有义务执行宪法的想法可能是正确的，但他仍然没有回答这个问题：最高法院是否可以在不得已的时候对宪法采用一种不同于立法机关初衷的解释？）

最高法院赋予自己司法审查权的同时，将自己设定为解决总统与国会权力范围争议的重要裁定机关。特别是在马伯利案里，最高法院裁决了国会是否可依据宪法扩大最高法院的"原始"审判权这个问题。宪法赋予最高法院两种管辖权，即原始管辖权和上诉管辖权。（原始审判权为法院从初始受理案件、进行审判、并做出判决的权力。上诉审判权为法院对已经由具有原始审判权的法院做出裁决的案件进行受理和审查的权力。）如前所述，最高法院的原始审判权仅限于较少的案件类型，即涉及大使、其他政府部门部长、领事的案件和州作为一方当事人的案件。马伯利案的一个争论点为国会是否有权扩大最高法院的原始审判权，使其包括更大范围的案件类型。最高法院使用司法审查权对此予以否决，并声称扩大法院自身原始审判权的联邦法规不符合宪法规定。

**立法权**

宪法第一条赋予国会一系列具体的和一般的立法权。关于最高法院对立法权的定义，"麦卡洛诉马里兰州案"（McCulloch v. Maryland 1819）为最著名的案例之一。案件要求最高法院裁决国会是否有权给国家银行特许权。宪法第一条列出的国会职权中并未明确提及该权力，因此最高法院被迫要弄清楚银行特许状是国会隐含的还是固有的权力。

在开始回答这个问题之前，首席法官马歇尔首先回顾了宪法文本的其他条款。他提到宪法第一条的第八款授予国会"制定所有必要合理的法律，以方便执行"，赋予国会具体权力以及"本宪法赋予美利坚合众国政府、部门或官员所有其他权力"。他同时提到宪法明确地授予国会征税、借债、规制商务活动、宣战和作战、招募陆军和海军的权力。他接着表示促进这些权力的执行有利于国家利益，法律的制定者会向国会提供合适的途径执行这些权力。他说，宪法不应被解读为"华丽的摆设"。因此，他提出"必要合法"的条款授权国会使用任何适当的手段达到最终目的。由于给银行颁发特许状是达到宪法里具体提到的目标的一种恰当的方式，因此授予银行特许状为宪法文本明确列出的国会权力的附带权力。

历史上最高法院在定义规范州际贸易的国会权力时也曾扮演着重要的角色。为理解这些争议性问题,应区分两种异议类型。声称(例如)"立法权"这个术语并不包括向银行颁发特许状这一宪法异议提出了一个"内部"权力问题(即"立法权"这个术语的定义问题)。鉴于"立法权"的定义,现在假设国会拥有执行某个特定法令的立法权,但是此项权力的行使可能侵犯针对该权力的"外部"抑制。此类外部抑制可能为个人的宪法权利,联邦政府另一分支机构针对该问题的职权或者为国家主权。

宪法第一条明确授予国会规范"州际贸易"的权力,但该权力的范围却存在争议,尤其是该权力是否应受到独立实体或国家主权的"外部"限制。例如法院不得不处理的以下问题:国会是否应该禁止彩票的跨州界运输?(答案是肯定的)国会是否应该规范钢铁业的劳工行为,理由是州内劳工纠纷影响州际贸易?(答案是肯定的)国会是否应该控制农民仅仅为自己家庭消费而种植的小麦量,也就是不进入州际贸易流通的小麦量?(答案是肯定的)国会是否应该使用其规范州际贸易的权力,禁止向当地顾客开放的小型烧烤店由于种族问题拒绝顾客的行为?(答案也是肯定的)国会是否应该将在校园区域内持有枪支规定为犯罪行为?(答案是否定的)国会是否应该使用其规范州际贸易的权力为以性别为动机的暴力行为的受害者建立民事救济?(答案是否定的)国会是否应该禁止仅限于本地种植且本地使用(如加利福尼亚州的医生可以根据本州法律规定开出处方)的医用大麻?(答案是肯定的)

最高法院还审查了国会税收权和支出权的权限(根据宪法第一条,第八款)。同样地宪法并未使用明确的语言表示国会是否可以使用联邦基金作为激励方式,"强制"州政府或者个人采取某种行为,或采取某些政策。例如,一些州允许21周岁以下的个人在公共场合购买和持有酒精饮料,国会是否可以从这些州扣除联邦公路的资金?[答案是肯定的,"南达科他州诉多尔案"(South Dakota v. Dole 1987)]为证明自己的答案,最高法院参考了宪法成文、詹姆斯·麦迪逊与亚历山大·汉密尔顿关于大众福利条款的辩论、"强制"概念的定义以及联邦主义原则。

第十三、第十四和第十五修正案还授权国会"执行"这些规定。定义该权力范围时,最高法院将第十四修正案的执行条款解读为给予国会补救权,取消作为投票要求的英语文化水平测试["卡森巴特诉摩根案"(Katzenbach v. Morgan 1966)]。三十年后最高法院大幅度地限制了此项权力。最高法院在"博恩市诉弗洛雷斯案"

(City of Boerne v. Flores 1997)中表示此项权力严格限于"补救",意味着国会仅可使用该项权力执行最高法院已作出定义的权利。国会不可扩大或增加新的宪法权利。"国会执行这些宪法权利时不能对这些权利进行更改。国会仅拥有'执行'的权力,没有决定什么行为构成违反宪法的权力。"以下准则可划分用来执行的法律与创造新权利的法律之间的界限:"防止损害或补救损害与为达到该目的所采取的措施之间必须存在一致性和比例性。"最高法院声明如果国会能证明州政府无法充分保护最高法院定义的权利,需采取必要的补救措施时,国会才能使用该权力。实际上最高法院就是在进一步削减国会执行第十四修正案的权力。["佛罗里达州高等教育预付费用委员会诉大学储蓄银行案"(Florida Prepaid Postsecondary Education Expense Board v. College Savings Bank 1999)]。在"莫里森案"(United States v. Morrison 2000)里最高法院限制了1994年通过的《反对对妇女施暴法》,该法令给予性暴力受害者起诉行凶者的权力。在另一个案件里最高法院表示国会无权要求亚拉巴马大学给一位残疾员工提供特别的住宿条件["亚拉巴马大学理事会诉加勒特案"(Board of Trustees of the University of Alabama v. Garrett 2001)]。然而在另一个案例里最高法院得出明显不同的结论。依据"一致性和比例性"准则,最高法院判决国会应允许截瘫者根据联邦法令起诉州政府赔偿其经济损失,原因是州政府未在法院内提供电梯,导致其为出庭回答刑事指控被迫爬两段楼梯["田纳西州诉莱恩案"(Tennessee v. Lane 2004)]。并且如下所述,最高法院声称联邦立法影响州政府主权,所以使用第十一修正案取消联邦立法。依据贸易条款判决的所有这些案例、第十四修正案和第十一修正案均显示了对联邦政府与州政府之间关系的重新定义。

国会的权力从单纯的国内政策延伸到各个领域,包括对外宣战,叛乱或侵略时中止人身保护令,征兵和供应给养,规范入境移民、外侨,居民的归化问题,甚至包括剥夺公民的国籍。在这些领域里最高法院均以恭敬的姿态接受国会的决定。然而涉及剥夺公民国籍和否认外侨程序性的正当权利问题,最高法院会对国会的权力进行审查。

**总统权力**

宪法第二条授予总统未定义的"行政权力",任命总统为"美利坚合众国陆军和海军总司令,作战期间各州民兵团的统帅",赋予总统颁发特赦令、经参议院同意任命最高法院大法官(以及其他任命)的权力,并且应承担忠实执行法律的职责。

最高法院不仅划分了国会的职权范围,同时在定义总统权力时承担重要的工作。最高法院行使此项责任最经典的表现为战争期间杜鲁门总统指示商务部长对国家钢厂的运营进行管控。当罢工的钢铁工人威胁要阻断钢铁供应时,总统发布了该指示。这个事件的重要性在于总统发布指令并未经过国会授权,而是依据宪法授予的广泛行政权["杨斯顿钢铁公司总统权限案"(Youngstown Sheet & Tube Co. V. Sawyer 1952)]。为解答总统是否具有征用钢铁厂的权力的疑问,法官们提出了三个问题:(1)宪法是否明确授予该权力,(2)宪法成文是否隐含该权力,(3)是否该权力为总统的固有职权。

进行分析时最高法院首先借助了宪法成文,但并未找到授权该权力的明确法令。为回答问题2和问题3,法官们接着审查宪政方案的"行政权"以及总统角色的概念。假设法官们得出的结论是总统有权发布这样的指令(事实上他们没有得出该结论),他们仍然需追问总统的授权是否受到"外部"权力的限制。这些"外部"审查权包括(1)同一议题宪法授予国会的权力(例如,国会宣战和作战权);(2)各州的独立主体地位和"主权"。也就是说,解决同一事项时总统的职权范围必须与国会和州政府得到的授权相协调。

虽然杨斯顿案存在多数意见书,但法官杰克森的共存意见书最终成为处理总统权力问题最为著名的意见。他的观点概括了总统的三类权力。

1. 当总统根据国会明示或暗示的授权行使权力时,其权力达到顶峰。

2. 当权力未经国会授权或权力受到否决时,总统仅凭其独立的权力行使职责,此时总统与国会之间存在权限不明,或者分工不明确的情况。

3. 当总统采用的政策与国会明示与暗示的授权相违背时,其权力处于最低点。

在几个案件中,最高法院的结论是总统的行为属于第一类权力,得到国会的含蓄授权。[偏见论1942、"戴姆斯和穆尔诉里甘案"(Dames & Moore v. Regan 1981)、"韩迪诉拉姆斯菲尔德案"(Hamdi v. Rumsfeld 2004)]。这些最基本的案例说明,最高法院采用了法定解释,而不是直接采用宪法解释裁决案件。当然这些法定的情形仍然可能运用于解决重要的问题,比如国会是否应该授权总统,无需经过审判,便可以无限期地监禁在美利坚合众国国土遭到逮捕的合法侨民["阿尔马瑞诉莱特案"(Al-Marri v. Wright 2007)]。

但事实是总统的国会授权可能不会,也不曾消除其行为违反宪法个人权利的可能性。这便是最高法院对哈姆迪案的最终结论,该案里一个美国公民在国外受到逮捕,并以"敌方战斗人员"罪名受到拘留,最高法院按照宪法给出的判决是"以'敌方战斗人员'的罪名被拘留必须具备事实基础,并且他有公平的机会在中立的决策者面前反驳政府的论断"。

在"哈姆丹诉拉姆斯菲尔德案"(Hamdan v. Rumsfeld 2005)里,最高法院面临的是属于杰克森法官所述的总统的第三类权力案件,法院判决总统布什违背国会的意愿,授权军事委员会审判关塔那摩的犯人,该行为违反了《军事审判统一法典》和《日内瓦第三公约》关于战犯的规定。最高法院拒绝回答总统是否具有独立的权力干涉军事委员会,而无需通过国会授权的问题。

法官杰克森的总统第二类权力问题,在司法方面仍属于未开拓的领域。同时仍未得到最高法院判决的问题有:总统作为总司令其权力是否受到国会法规的限制,总统作为总司令是否有权暂停人身保护令或者在美利坚合众国国土上无需经过审判便可对敌方战斗人员和合法外侨进行监禁(假设没有法令限制总统),总统是否在未经法令授权,或者不受法令限制的条件下,有权参与侵犯个人宪法权利的活动(例如国内间谍活动)。诸如此类的议题已经过诸多学术讨论,尤其是无论国家资助或个人煽动均需要处理的议题,例如恐怖主义。一直以来个别法官也在总统权力方面表达了他们的观点。因此关于哈姆迪案,法官奥康纳写道,"我们早已明确,在处理国家公民权利问题时即使在战争期间总统也不能为所欲为。"同样提出异议的法官托马斯写道:"关键是使人认识到对这些领域的司法干涉会取消授权执法的目的。"

### 三权分立

简要了解一下宪法便会发现立法机构既没有"司法权",也没有"行政权";司法机构则没有"立法权"和"行政权";同时行政机构则没有"立法权"和"司法权"。然而,与此同时宪法通常要求两个政府分支机构进行协作(例如,国会有权宣战,但总统才是总司令;一个法规的执行需要国会和总统同时参与)。

这种安排的复杂性使得各个分支机构相互依存,但是这也导致联邦政府部门间发生持续的竞争和冲突——这些冲突可能威胁到它们的独立和完整。因此法院常常需要对三个分支机构的纠纷进行裁决,即便法院自身的完整性也岌岌可危。以"尼克松案"(United States v. Nixon 1974)为例。

在这个案例中，尼克松总统的几个前助手和前顾问都受到刑事起诉，法院给尼克松总统发出传票，命令其交出他与这些助手和顾问们谈话的一些磁带和资料。总统援引"行政特权"——总统可向其他政府分支机构隐瞒信息的特权——证明他请求撤销传票的合法性。下级法院拒绝撤销传票，因此尼克松上诉到最高法院。三权分立的原则产生的问题如：(1)最高法院是否可以审查总统所宣称的特权；(2)是否存在绝对无条件的行政特权；(3)如果存在有限特权，那么什么时候可以拒绝该请求。

在美国诉尼克松案里最高法院最终裁决仅仅存在一种"有限特权"，但是在此情况下总统不能使用特权（即最高法院拒绝撤销传票）。法院同时裁决存在"有限特权"，尽管行政特权的概念并未在宪法中明确地提及。

最高法院认为存在"有限特权"的结论是合理的，理由是宪法结构暗含隐性的原则——即三权分立的原则。最高法院表示，总统职权的完整性需要此类特权的存在。但是法院也总结道，为保持司法机构的完整性，即公正的刑事审判的需要，在此案里必须拒绝该"有限特权"。为了证明该结论的合理性，最高法院将其观点上升到一个务实的理由：如果在此案里允许使用总统特权的话，对司法制度的伤害要远大于对总统职权产生的益处；并且此案里未同意行政特权的请求，对总统职权造成的损害，将被保护司法系统完整性的益处和公众对于国家司法系统保持公正判决可能性的信念所抵消掉。

尼克松案仅代表着三权分立发挥作用的一个方面。或许随着国会执行社会政策，制定结合联邦政府各分支机构之功能的体制结构后，会产生更多的典型性的争论。例如，国会向行政机构委派官员或者向具有某些"立法权"的司法机构委派法官，这将产生三权分立的问题["米斯特雷塔案"(Mistretta v. United States 1989)、"鲍舍尔诉西纳尔案"(Bowsher v. Synar 1986)]。同样地，最高法院否决了总统的单项否决权，理由是单项否决权意味着总统有权更改正式颁布的法规，即可以单方面变更政策，而不是仅仅执行该政策["克林顿诉纽约市案"(Clinton v. New York 1998)]。

## 最高法院作为联邦与州之间关系的仲裁者（第二个特征）

### 联邦制和联邦政府对州政府的控制

最高法院不但要处理联邦政府三个分支机构之间的纠纷，还需要监管这些分支机构之间的关系，以及分支机构与州政府之间的关系。这样的角色使得最高法院必须考虑以下联邦权力的问题：
- 对州和地方政府直接的联邦监管；
- 向州和地方活动征收联邦税收；
- 联邦政府取代州政府对同一行为的监管。

这些问题的背后存在着普遍的疑问：国会是否应该以一个国家的形式规范各个州？与此相关的联邦制原则承认州政府是单独和独立的行为体，以抵制权力的过度集中。

回顾最高法院在这个方面发挥作用的两个相关案例。在"国家城市联盟诉尤塞里案"（National League of Cities v. Usery 1976）里，最高法院最终判决国会规定州政府和地方政府公职人员的最低工资的行为侵犯了州政府的主权和独立地位。最高法院称，强加于州政府和地方政府的最低工资法损害了州政府主权无可争议的属性，并且损害了传统上属于州政府和地方政府的职责。然而仅仅过了九年时间，在"加西亚诉圣安东尼奥市地铁运输局案"（Garcia v. San Antonio Metropolitan Transit Authority 1985）里，最高法院重新审视了该判决，并裁决国会确实具有该权力。最高法院声明，其在尤塞里案得出的经验表明原判决不可行。多年以来法院一直未能一致地定义出哪些地方政府职能受到国会控制，而哪些不受其控制。并且最高法院以策划者的目的作为其最新理解的依据。在加西亚案里多数观点认为策划者的目的是通过政治流程而不是最高法院判决实现对州政府主权的保护。也就是说，由于州政府都有在议会委派代表，所以这些代表可以防范联邦政府权力的过度延伸。

最近几年最高法院又开始涉足州政府主权的保护。例如，最高法院以侵犯州政府主权的理由撤销了一个联邦法律——这个法律要求州和地方政府执法人员对潜在的手枪购买者进行背景调查["普林茨诉合众国案"（Printz v. United States 1997）]。在其他一系列的案例里最高法院的判决即第十一修正案是对宪法第一条关于国会权力的制衡。基于这个假设，最高法院撤销了一些联邦法律，因为这些法律允许个人起诉州政府违反联邦反歧视法律和其他联邦法律，对个人造成损害。["阿拉巴马大学董事会诉加勒特案"（Board of Trustees of Univ. Of Alabama v. Garrett 2001）、"基梅尔诉佛罗里达大学董事会案"（Kimel v. Florida Board of Regents 2000）、"奥尔登诉缅因州案"（Alden v. Maine 1999）、"塞米诺尔部落诉佛罗里达州案"（Seminole Tribe of Florida v. Florida）]。

## 联邦制和州政府对联邦政府运作的控制

法院不但被要求对各个州进行联邦控制监督,而且应审查州政府涉及以下问题的权力:

- 州政府对国会候选人的任期限制;
- 州政府向所居管辖区联邦政府机构征税;
- 得到联邦政府的明确授权,州政府对州际贸易的规范和征税;
- 州政府歧视政策——对来自其他州的货物和服务设置壁垒和障碍,以保护地方产业。

对于这些州政府行为如果任其发展将可能导致国会办公室成为"州法规的拼凑"之地,使联邦政府受到严重挫折,进而造成国家经济的割据和削弱。因此,历年来最高法院在定义和限制州政府权力方面扮演着重要的角色,以防止可能发生的破坏性后果。

以州政府对州际运输的规范为例。最高法院的判决意见书最先指出国会已被明确授权规范州际贸易。法院对国会得到该授权的解释是,这是对国会与州政府规范州际贸易的并存权力的一种外部限制。也就是说,即使国会并未使用它的权力或者该权力处于休眠状态,最高法院对国会规范州际贸易的授权与理解州政府规范州际贸易的职权范围也是相关的。

使用这种方法,最高法院多年来已经通过不同的途径裁定了州政府权力。最高法院历史上一度表示,州政府的规范权取决于州政府对州际贸易的规范是"直接"还是"间接"的。今天最高法院采用平衡各种因素的方法证明其判决的合理性:

> 公平的法规调节在实现合法的公众利益时,其对州际贸易只能起到偶然的规范作用,该法规才能得到支持。如果此类贸易的负担明显超过假定的地方利益,则该法规不被支持。如果具有合法的地方目的,那么这个问题只是程度上的区别。可被容许的负担的程度取决于当地所涉及利益的本质,还取决于它是否可减小对州际贸易的影响。["派克诉布鲁斯教会案"(Pike v. Bruce Church, Inc. 1970)]。

因此有人提出了关于"潜伏贸易条款"的意见,并将该准则"使用"到该案上来。关于使用该准则的争论形成了该判决意见书的主要部分,并最终得出了结论。州

## 联邦最高法院的观点

政府政策合宪性审判合理与否将取决于州政府的法规调节能否满足该"准则"。

如果州法律允许"本州和其他州的经济利益存在差异,从而有利于本州,但给其他州带来负担",那么州法律也违背了该贸易条款["俄勒冈废物处理系统公司诉俄勒冈州环境质量部门案"(Oregon Waste Systems Inc., v. Department of Environmental Quality of Ore 1994)]。

并不是所有的法官都赞同针对州政府的这些限制法规。举个例子,法官斯卡利亚反对派克诉布鲁斯教会案提供的准则,也反对该贸易条款包含负面影响的观点,该观点认为贸易条款会限制州政府对贸易的规范["泰勒管业有限公司诉华盛顿州税务局案"(Tyler Pipe Industries, Inc., v. Washington State Department of Revenue 1987)]。并且九个法官当中有四个法官反对国会任期限制案,理由是州政府确实具有宪法权力,可以限制候选人只能参选三届众议院议员和两届参议院议员["美国任期限制组织诉松顿案"(U.S. Term Limits, Inc., v. Thornton 1995)]。

## 最高法院作为政府与个人关系的监管者(第三个特征)

最高法院最常见的职能之一是监管政府(所有联邦政府、州政府和地方分支机构)和个人之间的关系。它通过发现、承认、定义和保护个人的宪法权利而发挥作用。宪法所保护的权利包括言论和信仰自由、保护公民免受剥夺公权法案和事后立法的侵犯、保护个人不受无理的稽查和扣押、对财产权利与合同权利的保护,以及对个人自由的保护。

这些权利的重要性在于它们是各级政府的外在约束力。总之,宪法所保护的个人权利被称为消极类型的权利,这种权利强制政府不能做某些事情。可以说,大概除了刑事领域政府必须提供公正的审判外,这些权利并未施与政府采取某些积极措施的义务,例如保证穷人最低收入水平,或者最低安全和治安条件的义务。政府可能自愿开展一些福利项目,然而开展这类项目时政府负有消极责任,例如不能采用带有种族歧视的方式。但是今天的宪法并未要求政府建立社会保障体系。

一些宪法权力被视为绝对权力(例如刑事被告使用律师的权力)。这意味着如果存在此类权利,即使是所谓的重要的公众利益也不能侵犯它,对该权利的侵犯是不合理的或者是不能被原谅的。这类权利就像一种王牌,可以超越政府的任何要求。

刑事领域之外,人们对权利的说法不一。虽然对权利的定义很广泛(例如,言论自由权),但有些权利并不被视为绝对权利。反而当政府拥有足够的理由干涉这些权利的时候,在特定的情况下违反它们可能是合理的。比如,你可能有言论自由权,但政府防止电影院发生恐慌的愿望非常强烈,如果你错误地在电影院内呼喊"着火了",政府可以惩罚你的这种行为。

在审视一些声称不合理地侵犯了个人权利的案例的一般特征之前,应注意到谁享受宪法的保护这个问题。例如,小孩和学生可以享受到宪法所提及的权利保护吗?最高法院的回答是肯定的,但事实上宪法对他们的这些权利的保护程度小于对成人的保护。又如,处于驱逐出境听证会程序中的外国居民可扩展一些程序性的正当权利。但目前尚不清楚外侨是否会因为参与了第一修正案允许公民参与的活动而受到驱逐[1]。最高法院还做出裁决,第四修正案的证据排除法则不适用于驱逐听证会;因此外侨不能将违反第四修正案的证据排除在驱逐听证会之外[2]。然而,听证会程序之外的外国居民可以享受宪法保护[3]。同时外侨还享受平等保护条款的保护政策[4]。事实上,即使是非法的外侨子女也可根据平等保护条款享有保护权利[5]。以"敌方战斗人员"罪名拘留的美国公民受第四修正案的保护,同时拥有在中立的审判人面前基于拘留控制的事实为自己辩护的有效机会[6]。"最高法院表示,根据联邦法规,非美国公民如果以敌方战斗人员罪名被关押在古巴的关塔那摩湾,他们可以从联邦法院申请人身保护令,为自己受关押的不合法性进行辩护[7]。但是随后国会在2006年通过了军事委员会法,该法令禁止任何法院向以敌方战斗人员罪名受到关押的人颁发人身保护令。最高法院将于2008年对此法令的合宪性进行裁定["鲍密迪亚恩诉布什案"(Boumedieme V. Bush 2007)]。

我们接着了解一下诉求个人宪法权利受到侵犯的一般案例。所有个人权利案例涉及以下所列的前三个步骤。非绝对权利的观点会涉及第三至第五个步骤。

1. 宪法承认所主张的权利吗?宪法是否明确提及该权力或者在文本中隐含该权利?这个权利的范围是什么?

---

[1] Cf. *Reno v. American-Arab Anti-Discrimination Committee*, 525 U.S. 471(1999).
[2] *I. N. S. v. Lopez-Mendoza*, 468 U.S. 1032(1984).
[3] *Bridges v. Wixon*, 326 U.S. 135(1945).
[4] *Hampton v. Mow Sun Wong*, 426 U.S. 88(1976).
[5] *Plyler v. Doe*, 457 U.S. 202(1982).
[6] *Hamdi v. Rumsfeld*, 542 U.S. 507(2004).
[7] *Rasul v. Busb*, 542 U.S. 466(2004).

## 联邦最高法院的观点

狄格州政府不能为达到它的政策目标(减少不合法性行为)而采取广泛而不必要的措施(例如,不合理地侵犯隐私权的措施)。也就是说,最高法院宣布了州法规必须遵循的准则或者审查标准。该准则认为只有当侵犯了基本权利的法规对个人的权利起到了最低约束作用时,该法规才能得到支持。

法院随后将这个准则"适用"到康涅狄格州的法律。最高法院最后的判决是这个法规严重地侵犯了已婚夫妻的权利,并且正如并存意见指出的那样,康涅狄格州可以选择其他比较不带侵犯性的方式解决不合法性行为的问题。这些方式包括设置通奸罪和淫乱罪。(这些意见书认为通奸罪和淫乱罪在宪法上可以被认定为犯罪案件。)换句话说,了解到这些权利受到侵犯后最高法院判定该侵犯行为不合法,因此造成了对宪法的侵犯。当然很多案例中最高法院发现有侵犯权利的行为,但是该侵犯行为是合法的,因此该侵犯行为是被允许的,也不违反宪法。["凯洛诉新伦敦市案"(Kelo V. City of New London 2005)、"房屋建筑和房屋贷款公司诉布莱斯德尔案"(Home Building & Loan Ass'n V. Blaisdell 1934)]因此是否违反宪法取决于权利是否不合理或者不够合理地被侵犯。

### 最高法院是政府不偏不倚行政的执行者:平等保护(第四个特征)

自 20 世纪下半叶开始,法院在监管政府政策上扮演着重要角色,它确保政府政策在没有充分正当理由的情况下,不能对公民进行单独的分类和区别对待。法院的这个角色明显是由第十四条修正案赋予的,它明确指出,各州不能否认任何公民都能受到法律的平等保护(最高法院将第五条修正案的正当程序条款解释为对联邦政府施加同等的平等保护禁令。第四条第二款规定,各州的公民都有权获得特权,并且在某些州公民可获得豁免权;这项条款类似一项平等保护条款,它禁止各州随意否认暂居者拥有如自有居民的某些权利和特权)。

法院执行这些条款的规定并不代表政府需要一直以同样的方式对待任何一个公民。如果每个公民都受到同样的待遇,那么政府就不能很好地运转。[1] 比如:盲

---

[1] 平等保护条款可以被解释为要求政府对待每个人时给予平等的敬畏和尊严。但是满足这样的要求并不意味着在经过全面、合理以及公正的考虑之后,政府政策会以赋予每个人不同的利益或施加各种不同的压力而终止。

人不能有驾驶证；政府可以免费为农民提供价格补贴，但不能为汽车公司提供相应政策。因此，法院面临的实际问题是，政府区别对待不同类别的人群是否有充足的正当理由。换一种说法，由于区别对待并不总是违宪的，法院的问题是需要辨别哪种区别待遇是可以继续存在的，哪种区别待遇是违宪的。

同样地，按照以下一系列步骤，可以归纳出法院的执行者角色。这些步骤是如何相互联系，以及如何构建出案件解决方式的，将会很快变得清晰明了。

1. 确定政府对公民划分不同类别进行区别待遇的标准；
2. 确定政府政策划分不同公民类别进行区别待遇的意图或目的；
3. 确定和评价区别待遇对申诉方的影响；
4. 评价政府政策时，选择合适的准则或审查标准；
5. 应用准则或审查标准，陈述结论。

**问题1**：通常政府对公民划分不同类别进行区别待遇的标准都是非常明显的。例如，当政策明确规定超过50岁的警务人员必须从警察部门退休时，没有人可以否认以年龄作为标准进行区别对待这一行为的存在。法律还规定18—21岁的女性可以购买3.2品脱啤酒，而同样年龄段的男性就不可以，毫无疑问在这里性别就是区别标准。但是，如果你所得知的情况是这样的：按照法律的明文规定，官员不得依据种族对公民进行划分，即不管其外貌肤色如何都应该保持不偏不倚的态度，但实际上在分发执照的时候，所有80名非中国籍公民都拿到了执照，但另外200名中国籍申请人中没有一个人拿到执照。遇到这样的情况该怎么办呢？这里该采用哪种标准？种族标准吗？看看下面这个例子吧。矫正局要求所有申请狱警职位的人都能举起150磅的重物。几乎所有申请这个职位的女性都没能满足这个要求。那么这属于以性别作为标准区别待遇的例子吗？如果将孕妇和其他人进行区别对待，这样的情况又该如何看待呢？这还属于"性别"歧视吗？又或者假设校董会分配学生在其住宅就近的学校学习。由于黑人和白人住在城市里不同的区域，这样的政策会因隔离以及分校的区别待遇而产生可预见的后果：有些学校几乎都是黑人学生，其他学校则都是白人学生。校董会能够预见这种居住政策产生的后果，并按种族分配学生吗？

如果政府并未对采用何种标准作出明确规定，那么法院必须首先弄明白这一问题。为了作出裁决，法官需要求助于一系列的特殊准则和依据经验法则做出判断。简单点说，如果法院察觉这个政策已经对，比如说中国人、女性，或黑人，产生了负面影响,它需要搞清楚(1)在采纳这个政策时,这些负面影响是否是可预见的;(2)政府采纳这个政策是否是由于这些负面影响,而不是明知道会产生这样的负面影响仍采取这个政策。对于法院来说,这不是个简单的判决。但在某些情况下,在解决这个案例的过程中,法院必须确定政府采用何种实际标准分发其利益或负担。

问题2:当法院需要做出政策合宪性的最终决定时,它还必须确定政策的意图或目的。同样地,决定答案通常很简单。例如,政府的代理律师开诚布公地给出解释,这类强制退休的要求旨在确保所有警察的身体状况都能胜任这种高强度高要求的工作。但是让我们看看举重的要求。如果法院最终认为举重的要求实际上就是性别标准,它仍然需要查证政府试图将女性排除在狱警这个职位之外的原因。可能答案很简单:男性对女性的歧视。但答案也可能涉及一系列复杂的问题,即女性在一个全男性的惩教院工作可能产生的影响。无论如何,也无论好坏,法院都会确定政府政策的目的。

问题3:评价区别待遇对申诉方的影响,有时也是一件易事(例如,原告未能找到工作)。但有时产生的影响更复杂,更微妙,可以说影响也更为长远。就拿公立学校的种族隔离政策这个例子说吧。将黑人学生排除在白人学生的学校之外,无疑会对黑人和白人选择学校的范围产生影响。但是,除此之外,这种强制性的种族隔离很可能对黑人和白人学生产生深远的、破坏性的(尽管是不同的)心理影响["布朗诉教育委员会案"(Brown V. Board of Education 1954)]。

问题4:在确定好政府政策采用的标准、政府意图以及政府政策的影响之后,法院现在继续进行另一个阶段。它开始评价政府政策。为此,它采用准则或审查标准作为其测量标杆(规格)。第五章将会详细解释这些准则。用最简单的话说,审查标准"测试了"政策的合宪性,并提出疑问:政府对不同公民群体的区别待遇来达到这一目的是否合理和必要?以及这一目的是否合法?如果针对测试问题的答案是否定的,那么这个政策就是违宪的。

问题5:最后一个步骤是应用准则或审查标准确定政府政策是否符合宪法规定。在判决中,这不是一个机械化的步骤,确定政策意图是否是,比如说不可抗拒的,重要的或仅仅是合法的,都不是一件容易的事。事实上,法院很少解释它是如何解决这个问题的。同样地,想要确定由政府建立的类别是否是"必要的",或者是否本质上与其意图相关,或者是否仅仅与其意图"理论相关",都没有一个简单的办法。法院针对大学和专业学校的平权行动的判决,表明了涉及这两个案件的种种困难①。但是,这是法院选择使用的语言,用来解释平等保护的判决。实际上,这种语言可能隐藏或不能完全透露出法官在进行最终判决时的真实想法。

## 最高法院是政府与宗教关系的监督者(第五个特征)

第一条修正案规定"国会不应制定与宗教相关的法律,或者禁止与此相关的信教自由。"对这些条例做出解释,以及决定政府与宗教的合理关系,是法院多年来必须面对的一个异常敏感的政治问题。其困难之处在于,事实上这两项宗教条款之间的关系非常紧张。而对避免政府支持宗教这个问题的过度关注,就得冒着侵犯宗教信仰自由的危险。例如,政府拒绝为服刑人员提供宗教服务,就是冒着否认服刑者宗教信仰自由权利的危险。但是积极努力地捍卫宗教信仰自由,则会冒着强制政府支持和援助宗教的风险。例如,为服刑者安排宗教礼仪,提供每日祈祷时间和合适的宗教饮食,或允许穿着宗教服饰,以保证服刑者能够继续信教,这些都说明政府支持宗教["考特诉威尔金森案"(Cutter V. Wilkinson 2005)]。尽管如此,在考特案中法院赞成提供宗教场地的法律判决,这是因为法律只是用来"为(那些强行关押在政府监狱的服刑者的)个人宗教活动,减轻其他的政府负担"。

多年来,法院试图用各种方式解决这种紧张的关系。有时法院会对立教条款给出"充分"解释,声称条款在政府和宗教之间建立了一道"隔离墙"。不久以前,这已经成为一种主流想法,但即使是在这样的解释之下,各种形式的援助还是得以开展(比如,允许私人宗教学校的学生使用非宗教的教科书)。在最近的判决中,法院采纳了对立教条款的"不充分"解释,这个解释允许政府为父母和宗教机构提供各种形式的援助,只要援助不涉及任何歧视——为所有父母和机构提供援助,即使是宗教机构。若政府为一些民间组织提供基础设施,不能单独将宗教组织排除在外,即使他们使用基础设施的目的更多地是为了进行宗教仪式。

至于信教自由条款,法院同样曾给出充分和不充分解释。在充分解释下,宗教活动受到有意的宗教限制和限制宗教的法律产生的无意影响的保护,除非法律强制执行,尽管此影响对于达成重要的政府目标是非常必要的。在不充分解释下,宗教只受到有意的宗教限制的保护。因此,法院将立教条款和信教自由条款强有力

---

① *Grutter v. Bollinger*, 539 U.S. 306(2003); *Gratz v. Bollinger*, 539 U.S. 244(2003).

联邦最高法院的观点

地结合起来,还需要经历很长的一段时间。

如今,法院接受了对这两项条款的不充分解释。因此,法院支持各种形式的援助,并将其一视同仁地提供给所有的学生(和他们的父母),不管他们是否在私立的宗教学校学习;法院也同样支持不偏不倚地执行普通法,即使这些法律对宗教信仰自由有非常重要的影响。十诫中有一些节选是可以得到认可的,其他的则不能,主要依据是,此节选是否能给政府宣传宗教产生无法忽视的影响["凡·奥登诉佩里案"(Van Orden V. Perry 2005)、"麦克里县诉美国公民自由联盟案"(McCreary V. A. C. L. U. 2005)]。

## 联邦法和州立法的合宪性:附录

为了符合宪法规定,制定政府政策必须遵循宪法的要求。接下来就是总结这些基本要求的一种方式。

在联邦宪法下,一项联邦法律或政策想要得到宪法的同意,就必须:

1. 按照合理的步骤和程序制定。例如,如果国会制定一项特殊法,那么法律的通过必须遵循宪法中规定的制定法律需要的步骤。

2. 得到以下其中之一的认可:

a. 宪法文本中指定的隐含权力;

b. 宪法文本中给出合理暗示的权力;

c. 政府要求保留政体中剩余的固有权力。

3. 不能违反任一:

a. 宪法文本中的任何特殊禁令;

b. 宪法中给出合理暗示的任何权利。[①]

除此之外,综观宪法的人,还应该在这一点上添加以下一条或其他附加要求:

c. 各州主权独立;

d. 不管其身处何种政府形式,公民拥有的任何"自然权利",以及编入宪法中受到明文规定的限制。

---

[①] Adapted from Walter F. Murphy, James E. Fleming, Esq., and William F. Harris Ⅱ, *American Constitutional Interpretation* (Mineola, N. Y.: Foundation Press, 1986), pp. 31–32.

在联邦宪法下，制定州立法、政策或合宪管理的标准都是不同的。为了通过联邦宪法的合宪性要求，州政策、法律或惯例都不得：

1. 被其他任何有法律效力的联邦条例或联邦行为取代。
2. 超出国家权威的限制，侵犯国家政府的权力范围。
3. 违反任一：
   a. 宪法文件中的任何特殊禁令；
   b. 宪法中给出合理暗示的任何权利。

正如上述内容指出的，综观宪法的人，还需要在这一点上添加一条附加要求：

c. 不管其身处何种政府形式，公民拥有的任何"自然权利"，以及被编入宪法中。

想要制定符合宪法规定的法律、政策或条例，就必须满足所有的相关标准。例如，如果联邦或州立法未能满足所有的相关标准，也就意味着此法是违宪的。

## 实践指南

1. 解读最高法院判决意见书时，在判决之前找出议题中应用的具体宪法条款，以及在递交最终判决时，法院做出解释的准确词组。
2. 抨击法律或政策合宪性的律师可能会进行辩论，认为它侵犯了多条符合宪法规定的条款（比如，在州际贸易条款和第四条修正案第五款的规定下，法律超出了国会赋予权力的限制）。他们还认为某项政策侵犯了同样宪法条款下的多条规定（比如，法律违反了第一条修正案中的言论自由条款和信教自由条款）。
3. 有些宪法条款非常明确（比如，总统的年龄必须达到35岁）。其他有些宪法条款则更模糊（比如，个人财产只在"公共目的"下才能得到"合理补偿"）。学者、律师和法官经常会因为采用哪种方式来解释这些条款而争论。下面是一些经常会用到的方式：(a)坚持词组的字面或普通意思；(b)首先考虑推动文本采纳进程的问题，然后依据问题严格解释文本；(c)假设制定者并未详细思考未来会出现议题，因而故意给出广义的解释；或(d)制定者给出不明确的解释，考虑到随着时间变化，其意义会不断发展。（详见第4章）

# 第三章　最高法院判决意见书的撰写

本章将从最高法院法官的视角出发，并着眼于其司法实践活动，继续讨论司法判决意见书的撰写。这样做是基于如下设想：了解最高法院法官在撰写判决意见书过程中遇到的问题，将有助于人们阅读并理解判决意见书。

**撰写判决意见书：普遍问题**

在当事人面前，法院（包括最高法院在内）可以只宣布纠纷的胜诉方，如"原告胜诉"，而无须提供有关该判决的任何解释或正当理由。但是如果最高法院要这么做的话，其下级法院以及最高法院在以后的司法审判过程中将会缺乏指导。如果没有判决意见书，我们就只能去猜测在判决中是哪些法律原则在起作用；我们几乎没有什么来指导将来的行为；在类似却不完全相同的新的纠纷出现时，我们仍不确定法院会怎么做。若该判决有着重大的政治意义，却缺乏有说服力的判决意见书，那么这份法院判决就会激怒众人，使其判决结果更加难以接受。书面的宪法意见书可以，并确实具有重要的教育和道德功能。毫无疑问，若是不加解释地仅仅简单地宣布孰胜孰败，这一功能就会丧失。宪法诉讼不是拳击比赛，不能像拳击裁判一样只宣布谁为胜利者，留下无缘洞悉判决理由的失败者宣称："我被劫了。"

这些评论有助于了解法官们面临的问题。人们期待法官撰写的判决意见书能够解释当事人之间的纠纷，对所作的判决给出有说服力的理由，因而国民相信法庭所宣称的，并能清楚地了解什么当为、不当为或可为。这些必须在特定的限制和期望中完成，这些限制和期望极为严格地限定了法官在提供这样一份公正判决理由时应遵循的路线。正是这些限制和期望使得一份司法判决意见书不同于人们解决孩子们之间纠纷时的解释和理由，也不同于哲人在某个道德问题上得出结论时所提供的解释和理由。若是没有这些限制和期望，法官的判决意见书将会无异于诸如道德的、神学的、政治的、经济的或是日常的其他理由。换言之,正是有了这些限制和期望,法官才会去撰写法律意见书。这并不是说,法律意见书是与道德、政治或者生活无关的,而是说,这些加诸法官的限制和期望引导他们使用特殊的法律语言、特定的材料、特定的说理和分析模式。法官由此撰写的判决意见书能够映射出司法技巧的悠久传统。

让我们先来通过一名判决意见书撰写者需要满足的要求来审视这一传统。判决意见书应有一个名称,如"勃兰登堡诉俄亥俄州案"(Brandenburg v. Ohio 1969),原告名称写在前面。然后,法官应当陈述案件事实(谁在什么时间对谁做了什么,以及方式和原因等),同时应提及相关法律法规、政策、裁决,以及与纠纷有关的、可能导致对宪法产生异议的行为。阅读判决意见书的人还想知道起诉书的内容,尤其是原告起诉的什么行为是违宪的,违反了哪一(哪些)宪法条款,以及有哪些论据能够支持违宪的诉求。接下来,读者还会想知道政府的回应——为了阻止对宪法提出质疑政府会如何应答。在这一点上,法官应识别出关键争论点,即对立观点所提出的问题。对这些问题被告方会给出不同的答案,而判决意见书的撰写者必须给出司法答案。最后,读者还想知道初审法院及中级上诉法院是如何判决的。

我将举例说明以上提到的方方面面。勃兰登堡因发表演说鼓吹白人种族主义和建议暴力维护白人利益而被捕。这一演说发生在3K党集会上,听众中有些成员携带了武器。勃兰登堡被诉触犯了俄亥俄州的犯罪帮会法,"因其鼓吹将犯罪、破坏、暴力或恐怖主义的非法手段作为完成工业或政治革命的一种义务、必需品和正当行为"。在以违反犯罪帮会法审判他时,勃兰登堡声称该逮捕行为以及所执行的法律违反了第一修正案所赋予的言论自由权。因此,他要求驳回起诉。事实是,他被判处罚款100美元,监禁1—10年。俄亥俄州最高法院以该案不存在重大的宪法问题驳回了勃兰登堡的上诉。勃兰登堡向最高法院申请复审。

勃兰登堡认为,此前最高法院审理的与此类问题相关的案件确立了这一原则:对发表演说煽动暴力行为的人来说,只有当造成违法行为的危险是明确且紧急时,政府才可以对演说人处以刑罚。勃兰登堡认为他的演讲不会引发这种明确、紧急的危险。然而公诉人认为在勃兰登堡的演说中存在明显的非法行为的威胁。

因此,本案在最高法院的上诉中存在如下争论点:1. 确定该州的判罪是否合宪的恰当准则;2. 检验是否能够适用本案(即勃兰登堡的演说是否造成了引发明确、紧急的违法行为的危险)。

在最高法院考虑该案的核心争论点,并为撤销上诉法院的判决提供正当理由前,前文所述的材料出现在了最高法院的判决意见书中。这一点正是需要司法技术的地方。在审查勃兰登堡判决意见的撰写之前,让我们先回到限制和期望的问题上。

**限制和期望**

不言而喻,判决应当是"正确"的;作为一个实质问题,判决意见书应当受到关键且普遍的赞同。撇开这个关键点不说,这里要讨论的是:撰写一份法律上正确的诉讼解决方案,其风格或者方式应符合特定的限制和期望。

- 如果判决意见书为多数意见,并将权威地设立某一宪法原则,那么该判决意见书必须得到参审的九名法官中至少五名法官的同意(注:以下指导原则适用于多数意见书,复数意见书,共存意见书和异议意见书)。
- 判决意见书应当在庭审中直接解决纠纷及争论点。判决意见书不应审查与第一修正案所述言论自由不相关的问题。但是应当涵盖解决该类纠纷的必要主题。(见第二章)
- 法官常说,如果有可能的话,应当解释好法规以避免宪法难题。
- 法官起草判决意见书时应当为联邦法院或者州法院今后的裁决提供指导,也为律师和民众提供指导。
- 判决应当看起来不受法官个人的意愿所左右。法官提供的论据应基于法律、信条、原则以及并非出于个人喜好和欲望。法官应述法律之言,而非其同事在该纠纷中的个人偏好。"一定程度上,正直体现在即使发现结果不是个人所愿,也依然能够坚持原则。"①
- 判决意见书应当采纳,或者考虑到法律集体(和社会)公认为适于作为撰写判决意见书、进行法律说理的那些"材料"。例如,判决意见书应当考虑到相关的先例。
- 判决意见书不应使用法律集体(和社会)认为不适于作为法律论证根据的其

---

① Edward Lazarus, *Closed Chambers* (New York: Penguin Books, 1999), p. 303.

他"材料"。例如,一份基于《圣经》或者《古兰经》的判决意见书会被视为使用了不当材料。
- 法官撰写的判决意见书应当具有说服力。应当有一系列的理由和富有逻辑的论证支持判决意见书所得到的结论。
- 法官应当注意法律的稳定性,因而需要遵循先例原则。(见第六章)
- 除非是为了推翻先例,法官通常不希望他/她撰写的判决意见书与其之前所做的判决意见书明显相左,或是与其他先例有明显不同。若法官在个案之间改变其宪法解释的路径(见第四章)以达到预期的判决结果,这种过于明显的努力也会让其受到批评。法官努力使自己不随时间改变而改变,这有助于避免纯粹的主观性。此外,法官在判决意见书中表达的观点应当是他们今后赖以立足的观点。

**制作判决意见书**

即使在持多数意见的法官之间也常常因为应当如何论证该结论的正当性而发生分歧。因而法官必须进行妥协,并就多数意见书的制作进行谈判。(见第一章关于判决意见书撰写过程的部分内容。)其结果是,意见书中常有意使用笼统或模糊的措辞描述一些事项以确保五名大法官意见统一,甚至必须要放弃某名法官想要在意见书中使用的论证,或者使用某名法官个人不愿使用的要点和论证。

这一谈判过程可能产生这样的判决意见:仔细推敲的话,会发现它是自相矛盾的;或者以一张大伞的形式覆盖持不同观点的法官,使各法官都能感到舒适。因而最终形成的多数意见可能包括不止一个论证结论的核心论据,而是同时包含几个——互相之间虽然不抵触,却也不能完全融为一体的论据。有时,这张大伞是以"交替论证"的形式构建,即意见可能是以支持结论的某一论证为基础,但是接下来便会如此行文:"即便不以我们之前的论证为据,我们仍然认为如下判决应当被撤销(或维护),原因如下。"(面对这样一份判决意见书,读者会有这样的疑问:哪种论证是该意见的核心?哪种论证建立了值得依赖的、用于指导下一个纠纷的基本的信条、规范或是原则?)

有时,当判决意见书作出如下表述时,对判决意见持不同观点的法官也会签字同意,如:"为了进行论证,假定'X'是真实的,不论……"或者"我们不需要解决'Y'问题,也能够对该案作出判决。"甚至当判决意见书中出现"不论使用哪种准则,我们分析认为,该法律都应当存在(或废止)"的表述时,也会有法官签名。

**仅解决提交法庭的纠纷**

与传统的法律实践一致,根据宪法原则,法官仅能就向他们提起审查要求的真实纠纷进行裁决。最高法院也不能就尚未成为具有诉讼利益的真实当事人之间的宪法争议主题提供"咨询意见";不能就尚未成为当事人在法庭上的争议点的主题提供法律意见。因此,法官仅能密切关注纠纷的具体争议点。他们在案件中所写的无关纠纷具体争议的任何事项,都将被视为不具有正式的法律意义,只是他们的个人意见而非正式规范或法律条款。

事实上,法官为了论证其结论的合理性所做的一切努力,以及其后的法官和律师认为在逻辑上并非解决纠纷所必需的陈述,都有可能仅被视作免费的建议或毫无法律意义的无关材料(这些陈述被称作"法官附带意见")。然而,基于修辞效果或者为了表达其对特定问题的看法,法官可能还是愿意在其意见中加入这些陈述。尽管这一信息不构成"法律",对当事人没有约束力,也不会作为最高法院的正式规范被其后的法官或律师引用,但是,它会为法院未来可能的方向提供有益指导(这些免费评论,如果能够得到至少五名大法官的支持"法官附带意见"确实具有变为真实法律信条的可能性)。

**提供清晰的指导**

法官有责任为日后的庭审提供指导,但非仅通过撰写附带意见的方式。在仅解决庭审中具体争议和为日后解决相似案件提供法律的一般原则、规则、要点或准则上,法官应谨小慎微。但是如果他们所提供的指导是如此模糊以致未能遵循先例或者他人无法理解何为允许、何为禁止的话,这表示法官未能完成法治的重托(注:司法陈述可以是明确的,同时属于法官附带意见;也可以是模糊的,但不属于法官附带意见;或因为其模糊性而属于法官附带意见)。

在这里起作用的是一种悖论。在具体纠纷之外,人们希望法官能够制造出用于解决类似纠纷的、具有一般性而且清晰的法律原则或指导。让我们回到勃兰登堡的案例中。如果法院在该案中的规则按如下方式表述的话,那么该判决意见书将难以提供指导和支持:"根据俄亥俄州的犯罪帮会法,勃兰登堡日后在同一地点、同一环境向同样的听众发表与其在本案中发表的内容一样的演说时,将不被公诉。"虽然这一裁决解决了本案纠纷,但因其过于具体而难以在日后适用。为了提供更多指导,判决意见书应使用更为一般性的、能够适用于或结合较大范围的相似案件的术语来表达。例如,判决意见书可以这样写:在未来不确定的某一时间点,向不会立即采取行动的人群发表煽动暴力推翻政府的抽象言论,则受第一修正案的言论自由保护;这类演说不在犯罪帮会法的公诉范围。然而,需要注意的是,勃兰登堡可能会因"妨害言论"的法律受到公诉,但是这一争议点并未提交法庭,所以法庭所作关于根据该法提起公诉是否合宪的建议仅为法官附带意见。

接下来,如果法庭在案件裁决中表述更为宽泛的话,一些读者会认为解决纠纷不需要采用这种过于一般性的裁决,因而该判决意见书应当被视为法官附带意见。假设法官写道,因为任何煽动暴力推翻政府的言论均受宪法保护,不被公诉,所以应当撤销上诉法院裁决。这样的裁决也能够解决庭审中的纠纷,同时能够对日后提供指导。但是对于解决该纠纷而言,这样的裁决是过于宽泛了,日后的法律和律师也会带着怀疑审视该案。尽管判决意见书确实如此,他们仍会怀疑事实上该案正确的裁决表述应当是更有限的。当然,当根据判决意见书中表达宽泛的原则有利于律师或法官时,他们就会利用这一点。正是在这点上,可能产生应当如何正确解释判决意见书的问题(见第六章)。

案件基本原则的宽泛解释有助于使该判决在解决日后纠纷时更为有用,但是宽泛的解释也可能因过于一般或模糊而等同于法官附带意见(注意:为联邦政府的其他部门、州政府、当地政府提供指导的想法基于如下设想——该设想已经受到挑战——政府的其他部门有义务接受法院裁决,并将其作为日后行为准则,即法院是宪法的最终解释者)。判决意见书的起草是必要程序,并有着重大意义。

此外,在具体裁决中应当达到何种清晰和准确度这一问题上,法官之间确有分歧。这种分歧的一个例证即,在惩罚性损害赔偿判决是否超出宪法规定的裁决中,法官之间因多数意见是否为日后提供了充足的指导而发生分歧。多数意见认为,惩罚性损害赔偿判决由以下几点决定:"1. 被告非法行为的可谴责性;2. 原告所遭受的实际或潜在的损害与惩罚性损害赔偿判决之间的差额;3. 陪审团所作惩罚性损害赔偿判决与同类案件中批准或判处的民事罚款之间的差额["北美宝马汽车公司诉戈尔案"(BMW of North America v. Gore 1996)]。"法官斯卡利亚攻击了这些指导标准,认为它们"是一条哪儿也去不了的道路;它们无法提供任何实际指导"。他进一步指出,多数意见书中并未指出这些是唯一的指导标准。"换言之,即使这些陈词滥调碰巧产生了正确的答案,也可能被其他隐含的考虑所替代。法庭构造了一个不能真正起到限制作用、无法让州立法机关和下级法院所了解的框架——除了对作为其核心的特别裁决(即在该案中适用惩罚性损害赔偿是不'公平'的)进行假意的规范分析以外,毫无用处。"

**可诉性和政治问题准则**

与提供清晰的法律指导这一目标密切相关的原则是:法院不会对没有"可发现和可操作的法律标准"的案件进行判决[ "贝克诉卡尔案"(Baker v. Carr 1962)]。多年来,法院基于这一原则(和其他考虑),拒绝审理基于第十四修正案的平等保护条款提出的人口不均等的选区划分是违宪的这一申请。法院曾确立了"一人一票,一票一权"的标准,使依法审判选区人口不均等是违宪的这一请求成为可能[ "雷诺兹诉西姆斯案"(Reynolds v. Sims 1964)]。如今,法院能够发现司法管理标准的要求,使其能够阻止声称政治选区重新划分为违宪的诉求[ "威斯诉朱伯利尔案"(Veith v. Jubelirer 2004)]。政治选区重新划分涉及通过淡化敌对政党的选举力量,给某一政党以不合理的政治优势,而将地理区域划分为人口均等但形状不规则的选区。

**提供有说服力的理由**

除了对日后的案件提供法律指导之外,法官必须提供支持其结论的富有逻辑的、合情合理的论证。接下来的章节将深入探究这类论证的构建。简单而言,这类论证始于合理或正确的前提或设想,并借助逻辑工具一步步得到结论。

让我们再次回到"勃兰登堡案"。论证的起点是对先例的讨论和分析。法官从最高法院之前的一份判决意见书中提炼出如下前提:(1)只有当他或她的"主张是为了煽动或引发紧急的不法行为而作出,并有可能煽动或引发此类行为时",个人才有可能受到犯罪帮会法的制约(假定这一规则事实上是对最高法院之前判决意见的合理解读)。在这一点上,司法意见又引出了另一个前提:即第一个前提的意义及其解释。法官会对第一个前提进行讨论,并得出结论,认为它意味着仅仅是鼓吹在未来某一时刻暴力推翻政府的历史必然性的演说,不会引发不法行为,况且当听众对这类信息持友好态度时,几乎不存在发生紧急的不法行为的可能性。

建立了更为纯粹的法律前提后,法官继续致力于案件事实问题。在审查了案件事实后,法官认为(2)其暴力推翻政府的演说仅是抽象的,并且听众并未准备好立即采取行动。

如此,法官就得出结论,认为(3)勃兰登堡的言论自由受到了侵犯,上诉法院的定罪和判决意见应当被撤销(注意,这一论证是以简单的三段论形式作出的:(1)如果 A,那么 B。(2)案件事实为 A。(3)所以,案件结论为 B)。

需要注意的是,这是一个极为简单的法律推理案例。很多司法意见书都需要法官作出更为复杂的一系列论证(例如,在司法意见书中,A 论证得到 B 结论,而 B 结论又作为下一论证的前提得到 C 结论,而 C 结论又转而作为再下一个论证的前提进行论证)。此外,正如我们在第七章看到的,这些相互关联的三段论的使用与特定类型的理由相关(如平衡问题)。

**使用恰当的法律素材**

到目前为止,你可能已经觉察到最高法院判决意见书撰写的新情况。判决理由应当以一定的行文方式进行,使其看起来是以深思熟虑、规则、原则以及法官个人之外的准则为基础。法官应当使其说理呈现以**法**为据的状态,而非其个人的偏好或意愿。对最高法院法官的期望(若尚未成为现实的话)是,他们是法律的发现者和解释者,而非个人意愿的独裁者。这意味着判决意见书的行文风格和类型应当是客观的、以法为据的。判决意见书中使用人称代词时,如"我们认为……"这类表述总是意味着,"我们,举止理智、公平、客观、富有逻辑且符合科学,认为法律要求我们得出如下结论"。

在构建系列三段论时,法官应当依赖并参考特定的"法律"素材,以避免使用或依赖其他材料。法官使用的素材如下。

1. 宪法条文:具体词语、句子及相关语言;

2. 宪法起草者及修定者关于宪法词语和/或文本特定效果或后果的真正意图的证据;

3. 对规定联邦政府各部门之间、联邦政府与各州之间、各级政府和个人之间关系的宪法行文的结构和内在前提——或称"默认假设"(或"核心假设"或"基本假设");

4. 法官所言抽象的、体现于宪法条文中的根本目的和价值;

5. 先例——最高法院先前的判决意见;

6. 关于美国传统、风俗、习惯、法律历史以及议会对宪法理解的历史记录的证据；

7. 不必局限于当事人间裁判主题的社会科学以及其他系统化集成和分析的数据；

8. 关于当代道德和倾向的证据；

9. 实用和谨慎的考虑。

法官偶尔也会引用法学杂志上的法律评论，以及社会科学家所作的证明和分析。人们希望法官应用这些素材来构建他们的论证前提。

在一套素材指向一种结论，而另一套素材指向另一种结论的情况下，这些素材中哪种素材具有适用优先性的问题上，法官、律师以及法哲学家之间存在重大争议。争议还包括这些材料应当如何适用以及如何会构成素材的滥用。我们将在第四章中继续讨论这一问题。

正如法官在起草司法理由过程中能够依法凭借的素材一样，有些素材是他们今日不能够使用的：(1)纯粹个人的偏好、价值观、立场或者个人态度；(2)请求，如上帝、某人的父母、配偶，或者总统要求某人做某事；(3)圣经；(4)自然法；(5)党派的政治纲领；(6)最喜爱的哲学家的著作；(7)法官对原告或被告有好感或者感到同情。

以下是旧时的判决意见书中所使用的素材，今天我们来看看这些素材是多么奇怪。

- 国民赋予立法议会这类权力是违背理性和正义的；因此，可以假定他们从未如此做过["卡尔多诉布尔案"(Calder v. Bull 1798)]。
- 我会毫不犹豫地宣称各州无权撤销其授权。但是我会基于一般原则，基于理性和事物本质而作出如此决定：这一原则甚至能够将法律加诸上帝。["弗莱彻诉佩克案"(Fletcher v. Peck 1810)，约翰逊大法官的共存意见]。
- 我认为我们坚持自然正义的原则，坚持每一个自由政府的基本法律，坚持美国宪法的精神和文本["泰瑞特诉泰勒案"(Terrett v. Taylor 1815)]。

在另一个拒绝布拉德韦尔夫人申请成为律师的案件中，法庭写道："如同自然本身，民法一向承认男女在各自领域和命运上的诸多差别……女人的天职乃是做好贤妻良母，此乃造物主的法令"["布拉德韦尔诉伊利诺斯州案"(Bradwell v. Illinois 1873)(布兰得利大法官的共存意见)]。虽然关于法官基于其个人意识形态所采取的行为已经讨论很多了，但是当我们看到这样的多数意见时，仍不免感到惊诧:"我们爱好自由,你们倾心保守。六比三,我们赢了。法令无效。"①

有时一些法官所采用的素材是另外一些法官认为所不能使用的。在一个关于反对同性恋鸡奸的刑事立法案件中,以及在另外一个反对对18岁以下的罪犯处以死刑的案件中,多数意见参考了其他国家的法律,并在其中发现了多数意见的"证明"["劳伦斯诉得克萨斯州案"(Lawrence v. Texas 2003)、"罗珀诉西蒙斯案"(Roper v. Simmons 2005)]。这些素材的使用引起了斯卡利亚大法官在罗珀案中的不同意见:"我不认为'其他国家和人民'的认可能够支持我们恪守美国立法原则的承诺;正如(逻辑上紧随的)'其他国家和人民'的否定不能削弱这种承诺一样。"

尽管存在这些限制,托马斯大法官仍因其所作的陈述而闻名,虽然这些陈述看起来像是个人评论。法庭支持了密歇根大学法学院的平权法案计划,在托马斯大法官的异议意见书中,他写道:"该法学院用密歇根大学的学位及其所提供的所有机会来吸引这些毫无准备的学生。这些不足够优秀的学生上钩了,到头来只发现他们无法在这个充满竞争的环境中取得成功。"["格拉特诉鲍灵格案"(Grutter v. Bollinger 2003)]

**法律的稳定性**

如同在第六章中要讨论的一样,法律的稳定性是重要的;因而判决意见书希望符合遵循先例原则。但除了撰写判决意见书之外,法官也想要表达他们与其先前判决相一致的法律立场和观点,除非他们的思想发生了明显改变。与作出一系列相互矛盾的观点相比,几乎没有什么更能损坏法官的名声;法官的动机若与他/她的理性不恰好吻合,便会受到质疑。法官可能希望能够为法庭效力数年,所以他们会同样希望自己正在撰写的判决意见书能够让其在今后立足。现在,当所有撰写多数意见书的五名大法官都有同样的考虑和关注点,并且每位法官都有不同于先前的意见时,撰写一份五名大法官都能在其上签名的判决意见书需要进行相当多的谈判和妥协。

---

① Cf. John Hart Ely, "Foreword: On Discovering Fundamental Values," *Harvard Law Review* 92 (1978): 5,34.

## 结论

起草一份五名或更多的大法官都能够签名的多数意见书可能需要数月。判决意见书应当是他们能够据此立足的,同时又必须是有逻辑的、前后一致的和有说服力的。它必须看起来是根据人们期望法官所使用的素材所得到的必然结论,虽然事实上它是诸多讨论和辩论的产物。它应当仅解决提交法庭的具体问题,同时应为日后提供指导,并避免因走得太远以致陷入发表的判决意见书仅为法官附带意见的陷阱。当然,该判决应当是"正确"的并由被视为正当的理由所证明,而且要考虑到法律的稳定性这一目标。做一名最高法院法官是个苦差事。

## 实践指南

1. 律师不仅需要说服法官,还应提供法官们能够将其融入判决意见的法律论证。为了得到一份满足如下条件的判决意见书,律师应当能够预见法官需要些什么:(1)有利于其委托人;(2)在日后案件中能起到先例的作用;(3)与先例相符;(4)基于恰当的法律素材。

2. 最高法院案件的法律事务代理人应当熟悉各名在座法官在相似案件中所持的立场。律师便可据其修正他/她的论证,使其能够吸引各名法官在撰写判决意见书时,能够考虑到该论证。谨记,律师的任务是确保五名法官能够达成有利于其委托人的协议。

3. 对尚未经过法院裁判的假想争议进行分析,并提出该争议的双方可能在法庭上作出的论证,是学习如何运用先例以及如何进行法律论证的好办法。这是法学院模拟法庭的功能。同时也是很多法学院考试的基本结构。

# 第二部分

　　从很多方面来看，一份最高法院的判决意见书就像一所房子。一所房子可以由许多种材料建成——砖块，砂浆，木头，铜管，电线，屋顶，浴室瓷砖及塑料。同样地，一份最高法院的判决意见书也是由法律材料(如宪法条文和先例)构成。然而，如同用锯木屑填埋的地来做房子的地基会使房子有下陷的风险一样，有一些材料法官们在写判决意见书的过程中通常会避免使用——例如，最近的民意测验。正如建筑材料的使用有恰当和不恰当之分(用木材做烟囱就不恰当)，判决意见书所立足的法律材料的使用原则也是如此。

　　第四、五、六章讨论构成判决意见书的材料和关于选择这些材料所存在的争论。第四章特别关注了在解释宪法时使用"法律制定者的意图"而引起的冲突。第五章转而讨论准则或复审标准是什么以及它们在透露和辩护过程中的使用。

　　第六章讨论先例的使用。如果我们回到前面建造房子的比喻，一个先例就像一栋已经存在的楼房，法官们现在正考虑模仿它造一栋新的楼房。法官得决定先例(那栋旧楼房)对于新的问题来说是否为一个合适的模型。他们必须在依赖该先例前充分理解它。因此,第六章讨论从也许冗长而且复杂的先例中提取中心意思这个问题。

另一种考虑先例的方式是把它看成是法官们计划将一所房子进行扩建。按照这个比喻,该先例会被融入新的结构,创造出一个更庞大更复杂的场所。一所房子并不仅仅是一些建筑材料的集合体。要造一所房子,各种各样的材料得按照一个系统的计划,即蓝图,关联在一起。第七章讨论对先例里的蓝图的理解,该蓝图必须是构成新的判决意见书的基础。这幅蓝图在本章里被称为"辩护策略"。正是这个策略指引着法官们将材料(我们在前面章节里讨论到的)组合成一个连贯的整体。因此,在书写判决意见书(或者任何法律论据)时,如果要使手头上的材料恰当地集合起来,作者必须考虑总体的辩护策略。你被要求为自己的课程写一篇法律论文时也得考虑自己的辩护策略。

# 第四章　用于构建宪法性意见书的法律材料

本章阐释与辩护策略协同使用的法律材料。例如，演绎策略必须以前提（参见第七章）为开始。该前提必须以宪法条文、立法者意图或先例之类的恰当法律材料为依据。因此，为充分地理解宪法性法律意见，人们需要密切关注意见书中对这些材料的使用。

使用的素材如下：

1. 宪法条文：具体的词语、句子及相关语言；

2. 宪法起草者及修订者关于宪法词语和/或文本特定效果或后果的真正意图的证据；

3. 规定联邦政府各部门之间、以及联邦政府与各州之间、各级政府和个人之间关系的宪法行文的结构和内在前提——或称"默认假设"（"核心假设"或"基本假设"）；

4. 法官所言抽象的、体现于宪法条文中的根本目的和价值；

5. 先例——最高法院先前的判决意见；

6. 关于美国传统、风俗、习惯、法律历史以及议会对宪法理解的历史记录的证据；

7. 不限于当事人间裁判主题的社会科学以及其他系统化集成和分析的数据；

8. 关于当代道德和倾向的证据；

9. 实用和谨慎的考虑。

首先，对两种类型的宪法性问题进行区分是非常有效的。其中第一类是没有任何先例而出现的问题，第二类是针对最高法院先前的判决意见书的背景而引发的问题。显然，第一类问题只可以借鉴材料1—3和材料6—7；该类问题在本章探讨。第五章探讨准则或复审的标准，第六章探讨与使用先例相关而产生的问题。

做出清晰的划分之后，我将指出，即使问题产生的背景有先例可依，有时也可按照如同没有先例可循的方式来解决问题,以此来淡化差别。这些意见书拟定者可以按照如同无先例可循的方式解决问题并拟定其意见,然后,按这种方式考虑问题,他们可能转而提出与先例不同的意见。

## 宪法性解读(与否)?

有些人拒绝接受将法院的判决意见书作为或其本应是司法解释的产物的观念。法律现实主义学派认为,大法官所做的只是掩饰政治和政策制定,并认为这是不可避免的。联邦第七巡回上诉法院的在任法官提出一种相关但不同的视角。大法官斯波纳拒绝接受"法官有某种道德的、或者甚至是政治的责任去遵守宪法,或一般法令,或先例"这样的观念。相反地,他认可一种称为"实用主义"的方法。"(实用主义)认为,判决的主体应当帮助社会解决问题,因此作为创建判决的法官所做的,应当是根据'效果如何'的标准而不是对应这些裁定的真理、自然法或其他更高层次的抽象的判定原则来进行评价……"[1]

鉴于法律现实主义和法律实用主义似乎都拒绝接受司法解释的观念,另外一种可以被称为"诠释学"的方法则严格地聚焦于宪法条文本身,这种方法认为,只要宪法的词句有明显含义,则不论会造成何种不幸后果,该含义必须被遵守。但很少有人严肃地对宪法采取这种方法。"如果所有最高法院大法官所要做的事情仅仅是'正确'地理解宪法,那么成为大法官的条件是只要能识字就可以了,所需的工具也只是本词典。"[2]

先撇开上述观点,大法官真正的一般工作,已被认为是这样一种方式:大法官们所做的是"解读"宪法,而这种解读不仅要考虑宪法条文本身,还要考虑其他更多事物。但是大法官之间也存在分歧,这反映在如何进行解读工作上。(在法律专家之间,还存在针对大法官应当如何进行解读宪法工作的讨论小组。)大法官们分成两大阵营,分别被称为**原旨主义**和**非原旨主义**。原旨主义通过借助立法者的立法意图或批准者对宪法的理解,或宪法通过时对宪法条文的一般理解等方面的

---

[1] Richard A. Posner, "Pragmatism Versus Purposivism in First Amendment Analysis," 54 *Stanford Law Review* 737(2002).

[2] Lawrence H. Tribe, *God Save This Honorable Court* (New York: Signet, 1985), pp. 5 - 51.

历史性证据，解读宪法条文。非原旨主义认为对宪法的解读不应局限于立法者的立法意图、批准者对宪法的理解或者宪法条文初始含义方面的证据。非原旨主义者对原旨主义者所依靠的材料仅作为补充材料加以考虑。这样，属于非原旨主义阵营的大法官布伦南曾被描述成信奉"宪法机能主义"。因此，他察看宪法并提问，这个条款为什么在这里？所写的宪法条文服务什么样的大众价值观？正如大法官布伦南所说："然而最终的问题一定是：宪法条文上的词句在我们当今这个时代有何意义？宪法精神不在于过去的世界可能会有的任何静态的含义，而在于其伟大纲领解决当前问题和当前需要的适应性。"[1]

## 原旨主义

### 历史及概念

几乎每一个时代，都会有明确的言论支持原旨主义。一次早期的对原旨主义的支持发生在 1838 年，那时法院写道，"该问题的解决必须依宪法的词句而定；依制定和提议制宪会议批准的公约中的含义和意图而定……在几大州……共同参照各法院在解释法律中所提供的司法信息资源，最高法院在解释宪法中常常用到这些资源"["罗德岛州诉马萨诸塞州案"（Rhode Island v. Massachusetts 1838）]。1925 年，最高法院写道，"宪法第四修正案将被解读为，依据其在通过之处被认为是不合理的调查和推论而制定"["卡罗尔诉合众国案"（Carroll v. United States 1925）]。大法官哈兰本身并不是一个十分坚定的原旨主义者，于 1970 年发表了一篇对原旨主义最强有力的论述："当法院忽视立法者的明确意图和理解时，就构成了对修宪权所赋予的政治进程领域的侵犯，也违反了当为法院最高职责去保护的宪法结构"["俄勒冈诉米切尔案"（Oregon v. Mitchell 1970）（哈兰·J，同意一些，反对一些）]。

原旨主义基于严格的法治观念，而这种法治观念在于一种重要的洞察力：政府足够强大，并可以执行其所需的职能可能构成对公民自由的威胁。因此，立法者试图通过由一份基本书面文件，即宪法，来确立政府在一定范围内运作的制度，以

---

[1] William J. Brennan Jr., "The Constitution of the United States: Contemporary Ratification,"27 S. Tex. L. Rev. 433(1986), p. 437.

联邦最高法院的观点

最大限度地降低这种威胁。如宪法第一章中指出,授权法院监督其他政府机构以确保他们在根本大法所规定的范围内运作。但是,此观点的倡导者表示,如果最高法院要行使其遏制未违法越权的其他政府机构的职权,最高法院也必须在宪法规定范围内受其约束进行运作①。如果在监督其他政府机构职权界限中,法院没有独立于法官个人主观意志而执行某一法体,则该法院本身构成违法。毕竟,在民主制度下,如果法院的功能不是执行法律主体(即宪法,其本身被以民主方式通过),那该如何确保一个没有经过选举而产生的法院的公正呢?

司法审查的合法性取决于宪法对法官所起的有效约束作用。如果宪法太富于可塑性、太容易被用于合法化当前的政治方式,那么就不再具有约束的权力,并且十分不牢靠。我们就会失去政府按照法律行事的可能性以及司法审查制度的合法性。将宪法制定成书面形式是为了确立一套明确持久的权力、利益和责任。正如大法官约瑟夫·斯托里在其《评析》中所写的,宪法"要具有一种固定、统一、持久的解释……当宪法通过时,其含义就被固定,在之后的任何时期,当法院有必要对这种含义做出判断时,不得对其进行改变"②。

在对沃伦法院大量扩展宪法性利益(典型的实践非原旨主义的案例)的回应中,法律人士和政客们呼吁一种新的解读宪法的方法,这种方法就是原旨主义。20世纪80年代,原旨主义大多采取按照立法者本来意图的方式。原旨主义的"心理学"版本可能就依靠制宪会议上所陈述的相关证据。使用这种原旨主义方法也存在着几个问题:人们如何真正理解立法者的主观意图,原旨主义者如何汇编出多数法者的意图,因其可能针对同一项条文给出不同理由。此外,立法者仅仅提出供讨论的宪法条文,他们自己并不通过宪法。另一种原旨主义的版本关注宪法批准者的原始理解。另一个问题,是关注立法者或批准者想要说的内容(语义意图),还是关注他们希望这些条文根据具体实践所达成的效果(期待意图)。接着是以下这个问题。正如可提出证据加以证明的那样,制定者编写宪法第一修正案的期待意图是著作者和出版人可以因此阻止政府试图向他们施加许可性要求,但是制定者所说的或所想说的言论受到保护,不得"删减"——这就免受更广泛的制约,而不仅

---

① 关于原旨主义最可接受最有力量的论述可能见于 Robert Bork, *The Tempting of America* (New York: Free Press, 1990).
② Joseph Story, *Commentaries on the Constitution of the United States* (Boston: Hillard, Gray, and Co., 1833), vol.1, § 426, p.55.

仅是许可。面对眼前问题所引发的宪法修正案条文与历史证据之间的可能性冲突,这些法官大多就事论事,讨论究竟哪个该优先考虑。许多原旨主义倡导者转而支持第三种原旨主义方法——原意,这种方法试图体现修正案通过之处条文所具有的公众性含义——一种与随后派生含义不相矛盾的含义。

**实际应用中的原旨主义**

下面是几个原旨主义在实际实施中的例子。第一个例子涉及宪法条文中使用的文字含义的认定。宪法第一章第三节第六条授予参议院"审理(try)所有弹劾的专属权力""尼克松诉合众国案"(Nixon v. United States 1993)产生的一个争议在于对术语"try"的含义的不同理解。起诉方认为这句话授予参议院一项要求,即所有弹劾案在本质上必须是司法审判。因此,宪法不允许参议院委派由参议员构成的某一委员会执行收集证据和提供证词的任务;这应是参议院作为一个整体执行的任务。为支持这一主张,起诉方引用一本1796年出版的词典,该词典定义术语"try"为"由法官审查;并提交法庭讨论"。然而,法院断定宪法制定者不打算以这种局限的方式使用术语"try"。在另一本1987年出版的词典中,法院指出其定义该术语为"检查(to examine)"。因此,法院说宪法制定者未打算使用术语"try"对参议院进行任何限制。

在一次对允许征用财产(带有补偿)做"公共用途"的征用条款的讨论中,大法官托马斯检查了术语"use"的原意,继而断定,事实上只有在政府及其公民作为一个整体"使用"被征用财产的情况下,私人财产才能被征用,这与把财产交给私人开发商截然不同["凯洛诉新伦敦市案"(Kelo v. City of New London 2005)]。

关于警察使用热成像装置从大街上对准一处私人住所以探测种植大麻的灯所发出的热量的情况["凯罗诉合众国案"(Kyllo v. United States 2001)],宪法第四修正案中使用术语"search(搜查)"进行解读。宪法制定者考虑到的对住所搜查的典型情况是需要真实的人身侵入搜查——侵入住宅。监视并不是一种人身侵入住宅;尽管如此,大法官斯卡利亚仍然延伸宪法第四修正案,使其涵盖此种情况:

> 我们认为,利用传感器技术获取任何住宅内信息,非经人身"侵入受宪法保护之区域"不可能获得,……构成了搜查——至少本案探讨的该项技术并非公众使用的技术,本案热成像装置获得的信息是搜查的成果。

大法官斯卡利亚和大法官托马斯也都曾在按照宪法第一修正案言论自由条款所规定的禁止或不禁止按照原意理解上使用过原旨主义——尽管得出了不同的结论。在"麦金泰尔诉俄亥俄州选举委员会案"（McIntyre v. Ohio Elections Commission 1995）中，多数大法官否决了一项禁止分发匿名政治性印刷品的俄亥俄州法律，这是因为该法案与宪法修正案言论自由条文相抵触。大法官斯卡利亚在本案中持反对意见，主张本案应当使用原旨主义进行裁决。在采用原旨主义时，斯卡利亚指出，若政府在攻击下做出的行为是违反"通过之初已调查和涉及，并未表示任何异议"的人权法案和宪法第四修正案时，原旨主义是一种"愚蠢的应用"，"政府对争议所做出的行为不是法案修正案通过之初涉及，并且有充足的证据显示这种不涉及的原因是参与会被认为违反宪法性保障中体现的权利"。这种情况应用原旨主义也是愚蠢的。但是对于他面前的这个案子，当宪法第一修正案被通过时，受质疑的行为——禁止分发试图影响选举结果的匿名政治性印刷品的法律条文——是不被禁止的。在他看来，也不存在证据证明这种行为是不被禁止的，因为存在一种信念，即人们享有分发匿名文学作品的宪法性权利。

在这样的情况下，原旨主义的支持者不仅被迫求助于历史，也要转而求助于"对政府在受质疑的情况下采取的行动是否符合受保护的自由的概念这一判决"。大法官斯卡利亚在本案判决过程中，求助于传统惯例并发现不少于 24 个州禁止分发匿名印刷品。这一证据使他确信，这类禁止性规定与言论自由权利是一致的。"我认为，这种普遍并长久确立的美国司法惯例，在关于限制不应触及言论自由的核心方面，必须优先于历史性和学术性推断。"

大法官托马斯也是一位原旨主义的实践者，并通过原旨主义得出不同的结论——他发现该州法违宪。大法官托马斯回顾了宪法接受匿名政治文学时的普遍性做法：甚至《联邦党人》也是匿名发表的。这和对此类政治活动获得的口头支持一起，促使他得出这样一个结论：宪法修正案的制定者都认为，此项行为是出版自由不可分割的一部分。然而，大法官斯卡利亚着眼于同样的证据主体，并得出结论认为虽然很多人进行匿名竞选活动，但并没有发现证据表明这种活动是宪法性权利。仅是不受禁止的事实并不意味着此项禁止性规定会被认定为违宪。因此，正如上面所指出的，斯卡利亚转而对更近期的传统惯例进行审查，进而得出结论认为各州可以按照宪法规定禁止匿名竞选活动。

原旨主义可以要求某法官审查由某位法案制定者拟写的某篇文本，就像詹姆斯·麦迪逊、亚历山大·汉密尔顿和约翰·杰伊努力说服公众支持拟议的宪法而拟写的某篇《联邦党人》报纸一样。在"美国期限股份有限公司诉桑顿案"(U. S. Term Limits, Inc., v. Thornton 1995)中,最高法院不得不对州是否可以禁止已经在美国众议院供职三届或在参议院供职两届的人员参加换届选举投票作出裁决(已在众议院供职三届的众议员或已在参议院供职两届的参议员必须作出只选其他候选人的投票表决,这样会降低她或他当选的概率)。宪法第一条第二款第三款中规定了一定的任职资格,例如,参选人员的最低年龄必须满足胜任众议员或参议员的任职年龄限制。法院面对的这一争议在于宪法规定的这些任职资格是否仅是最低限度的任职资格,而其他的任职资格留给各州酌情添加,或者各州是否无权添加其他诸如不得在国会任职超过三届的任职资格。在努力了解宪法制定者立法意图的过程中,多数和异议意见书转而从总结辩论中收集证据,尤其是《联邦党人》第52期。

拟写《联邦党人》第52期的詹姆斯·麦迪逊,通过指出宪法第一条第二款规定的成为选举人的任职资格,即,各州的选举人必须完全满足他们同样的任职资格要求,以便为该州议会人数最多的分支机构选出众议院议员。因此人们必须按选出美国国会众议院议员需要满足的条件——无论是何要求,来选出一名州众议院议员。由于这些选举人资格一般规定在州宪法中,这意味着州议会不能自己控制谁可以或不可以投票选举美国国会众议院议员。(当然,州宪法本身可以被修订,因此谁可以在联邦大选中获得投票的资格也可能发生变化。)麦迪逊在《联邦党人》第52期上评论道,通过消除州议会对选举人资格的酌情决定权这种方式,美国宪法力图避免出现联邦政府"太依赖于州议会"的局面。他指出,美国国会"应取决于人民"。

接着麦迪逊表示,美国宪法不得不提及关于候选人必须满足的当选众议院议员的任职资格。他注意到,要想成为一名州众议院议员,所需的任职资格"不像成为一名选举人所需的资格那样得到州宪法仔细和合理的定义",同时也更易于具有一致性,这种一致性已得到州立宪会议十分恰当的考虑和规定。他列出这些任职资格并陈述道,"在这些合理的限制之下,联邦政府立法机构的大门愿意为各类优秀人士打开,无论是本国人还是移民,无论是年轻人还是老年人,也无论贫穷或富足或任何特定专业或宗教信仰"。

"美国任职期限案"的多数大法官和持反对意见的大法官对麦迪逊的评论给出两种截然不同的解读。大法官史蒂文在《联邦党人》第52期这样评论:麦迪逊的文章是"为多数大法官写的",该文认为,各州不可向美国国会众议院议员和美国国会参议院议员施加任期限制。史蒂文还强调,麦迪逊参与确保任职资格一致性的讨论并避免对任职资格进行"东拼西凑",麦迪逊希望议会的大门仍然向在职的议员们开放,因此,麦迪逊认为各州不可在宪法第一条第二款所列的任职资格外再添加其他任职资格。然而,大法官托马斯辩称,麦迪逊仅关注对任职资格进行州立法机构的控制;如果是该州的人民要求修改其州宪法,那么麦迪逊也不会反对添加额外的任职资格。

大法官斯卡利亚和托马斯所奉行的原旨主义,有时会被一般政治辞令形容为"保守派",例如,"鲍尔斯诉哈德威克案"(Bowers v. Hardwick 1986)法院判决认定同性鸡奸罪是得到宪法许可的。[这项裁决在"劳伦斯诉得克萨斯州案"(Lawrence v. Texas 2003)中被撤销。]原旨主义者也曾对国教条款做出解读,允许政府以公平无私的方式支持所有宗教。但是,正如我早前在上文所说的,原旨主义也保护私房屋主不受使用热成像装置进行搜查,并且大法官托马斯支持保护言论自由,同意限制分发匿名印刷品是违宪行为。

依靠对学生言论自由施加限制的共存意见书中的原旨主义,大法官托马斯表示,他会继续努力并一概否决认定学生受宪法第一修正案言论自由条款保护的此前所有裁决["莫尔斯诉弗雷德里克案"(Morse v. Frederick 2007)]。他的论点可以以演绎推理的形式进行说明:

1. 假设在19世纪公立学校形成之初,学生享有言论自由的权利,学校尊重他们的这些权利,法院也执行他们的这些权利。

2. 对于这些权利,学校不尊重,法院也不执行。

3. 学校不是"随心所欲地辩论或探索抵触性观念"的场所"(在)最早期的学校,老师授课,学生听课;老师命令,学生服从"。

4. 从法律上看,"学校—学生"关系受"父母立场"理论的控制,这给予学校控制学生言论的权力。

因此,宪法第一修正案并未扩展学生在公立学校中的言论自由权利。

虽然托马斯的论点具有逻辑有效性,但并不可靠,因为其观点的第一前提不真实:(a)宪法第一修正案授予国会而非各州其修订权,(b)扩展第一修正案到各州的合并原则在20世纪中叶仅由最高法院执行。此外,大法官阿力托和肯尼迪均不认同上述论点4。"若公立学校机构管制学生言论,他们即扮演州政府机构的角色;他们并没有站在学生父母的立场上。"当然,另外一个不同的原旨主义观点可能有效并且可靠。

## 非原旨主义

非原旨主义并不完全无根据地排斥法案最初创建时使用的法律制定者的意图以及法律词句的含义。然而,非原旨主义者认为,必然不完整的和模糊的历史记录对法律制定者的意图或法律词句的含义几乎不能给出肯定的回答。大法官布伦南写道,原旨主义"是以谦恭为掩饰的妄自尊大。假装从现在的观点我们可以准确地获悉宪法制定者对应用原则和具体的当代问题的意图就是妄自尊大"。[1] 布伦南在其他地方还说到,"过于按字面意义寻求制宪元勋的建议……对我而言是无效的也是误导性的"["阿宾顿学区诉申普案"(Abington School District v. Schemmp 1963)]。

非原旨主义还主张,宪法应当适应新环境、新问题和新道德观念。很多非原旨主义者认同首席大法官约翰·马歇尔的观点:除非宪法能够适应人类事务的种种危机,否则它不可能持续很久["麦卡洛克诉马里兰州案"(McCulloch v. Maryland 1819)]。大法官在其意见书中驳回人头税,他写道,"在确定何种条文在宪法上带有歧视性时,我们从未被局限于平等性的历史概念里,而是局限于正当的法律程序,并在某一被认为触及基本权利底限的时刻达到固定范畴……构成平等对待以达成平等保护条文目标的概念确实发生了变化"["哈珀诉弗吉尼亚州选举委员会案"(Harper v. Virginia Board of Elections 1966)]。大法官布伦南在其反对多数大法官判决的意见书中,支持内布拉斯加州议会的惯例,即在一位牧师的带领下向每天进行活动的祷告者征收公共税收,并写道:

> 最后,也是最重要的一点是,此最高法院提供的论点受到误导,因为宪法并不是一部其每个细节上的含义都固化到宪法制定者生命所经历的那个时代

---

[1] William J. Brennan Jr., "The Constitution of the United States: Contemporary Ratification,"27 *S. Tex. L. Rev.* 433(1986):435.

的静态文件。在广泛的宪法背景下,我们认识到这样一种惯例:在恰当的地点,当任何特定的保障被制定成宪法的时候,不需要永远地固定那种保障的含义。为了真实地忠于宪法制定者,"我们对他们所处时代的历史资料的使用必须仅限于广泛的用途,而非具体的实践"["马什诉钱伯斯案"(Marsh v. Chambers 1983)]。

本案中,尽管宪法有明确的词句禁止对合同进行损害,最高法院还是支持"明尼苏达州房贷延期偿付法"。大法官休斯写道,"对宪法重大条款概念的解读,必须仅限于宪法制定者对其所进行的,并考虑他们所处时代的条件及展望……开展自我辩驳"["国内建筑及贷款委员会诉布莱斯德尔案"(Home Building & Loan Association v. Blaisdell 1934)]。

让我们再仔细审查非原旨主义在应用中的情况。

### 非原旨主义与原始意图

当非原旨主义者利用原始意图时,他们典型地将这种意图理解为针对广泛的功能性用途和价值。大法官布伦南按照"国家承诺"的某些广泛的价值论及意图的方式。在一件有影响的言论自由案件中,它把宪法第一修正案描述为"对原则具有深远意义的国家承诺,即讨论公共议题须不受限制、健康和完全开放……"的一部分["《纽约时报》诉沙利文案"(New York Times v. Sullivan 1964)]。在另一件案件中,最高法院必须决定宪法是否要求福利接受者在福利终止之前自理证据听证费用(回答"是"),他还写道,"自国家建立起,其基本承诺就被用来培养其境内所有公民的尊严和福祉"["戈德堡诉凯利案"(Goldberg v. Kelly 1970)]。

### 非原旨主义和宪法条文

非原旨主义不仅被用来扩展个人权利范围,而且被用于在宪法上授权给国会去调节州际贸易。大多数评论人士认为,按照最初的理解,宪法贸易条款不能授权国会去调节商品生产,如各州辖区内的工业制造和农业生产。[①] 但按照第二章指

---

① Albert S. Abel, "The Commerce Clause in the Constitutional Convention and in Contemporary Comment," 25 *Minn. L. Rev.* 432(1941).

出的,调节州际贸易的权力,现已被认为能够调节农民以家庭为单位生产的小麦的产量,单用于私人消费。

最高法院已将宪法第四修正案中的术语"自由"(liberty)解读为在宪法中未明确提及的各种权利。现在看来,第一个臭名昭著的案例是最高法院在"洛克纳诉纽约案"(Lochner v. New York 1905)中做出的判决。在此案件中,持激进非原旨主义立场的多数大法官否决了禁止雇佣面包工每天工作超过10小时或每周超过60小时的纽约法案。最高法院判定,宪法第四修正案正当程序条款(非经正当法律程序,各州不得剥夺任何人的生命、自由或财产)中的术语"自由(liberty)"包含契约自由的概念。实际上,最高法院判定,宪法修正案保护买卖劳动服务的自由,不管雇主和雇员的不平等的谈判地位。

在一项否决认定同性鸡奸为犯罪的法律的案件中,最高法院写道,"自由超越了空间局限。自由意味着包括思想自由、信仰自由、表达自由和某种亲密行为自由的自我自治"["劳伦斯诉得克萨斯州案"(Lawrence v. Texas 2003)]。

让我们以宪法第一修正案言论自由条文为例。术语"言论(speech)"只能限定为口头或书面表达,但非原旨主义大法官认为"言论(speech)"应延伸到"表达性活动"的广泛范围。在"美国有色人种协进会诉巴顿案"(NAACP v. Button 1963)中,大法官布伦南将保护言论自由条文延伸到美国有色人种协进会发起诉讼的活动(大法官在其异议意见书中辩称,诉讼是"行为"而非"言论",因此未被第一修正案所涵盖)。再举一例,法院里的非原旨主义者曾认为在公园睡觉过夜展示无家可归的困境是"言论(speech)"的一种形式。该最高法院多数大法官拒绝承认这一论点的真实性;由大法官怀特拟定的多数司法判决意见书称暂时接受这一观点仅仅是由于争议的缘故。大法官怀特继续支持国家公园管理局所作出的禁止在某些公园宿营的规定,即使这种宿营是某种政治性请愿的一部分["克拉克诉创意性非暴力社群案"(Clark v. Community for Creative Non-Violence 1984)]。

**使用隐式前提**

最值得注意的其中一个非原旨主义判决是"贝克诉卡尔案"(Baker v. Carr 1962),该案大幅度地修改"政治问题"法律原则,以便使联邦法院可以审查州议会的代表分配。之前的判决认为,州议会的分配是一个"政治问题",不适于司法行为。在"贝克案"中,大法官布伦南所拟定的多数意见转变方向,从而戏剧性地改变了最高法院和各州的关系。激进非原旨主义者认为不得不采取行动,因为各州议会不会主动采取行动;那些在立法机构拥有不相称权力的人,完全没有放手的想法。判决认定"政治问题"法律原则实际上并未禁止联邦法院审查州议会的代表分配,在"雷诺兹诉西姆斯案"(Reynolds v. Sims 1964)中,多数大法官采取进一步行动,否决阿拉巴马州议会的议员分配为违宪。判决意见部分依据首席大法官沃伦所说的一套新原则,这些新原则是代议制政府的基本原则。下面是他(沃伦)所发现隐含在宪法里的一些原则样例:

- 毫无疑问,选举参政的权利是自由民主社会的一项基本性事务。
- 只要我们实行的是代议制政体,以自由和未被削弱的方式选举立法者的权利是我们政治制度的一项基石。
- 从逻辑上讲,在一个表面上建立在代议制政府基础上的社会,某一州的人民人数众多,其州议员占多数似乎也是合理的。
- 由于实现对所有公民公平有效的代表毫无疑问是议员分配的基本目标,那么,我们断定,(平等保护)通过所有选举人选举州议员的方式,来保证平等参与的机会("雷诺兹诉西姆斯案")。

沃伦并没有追溯这些原则在宪法中对应的某项具体条款,或宪法制定者意图的某件历史性证据。这些原则仅仅在逻辑上被认为是必要的。基于这些一般性原则,首席大法官沃伦断定,"某公民投票的效力不得根据其居住地而确定",因此,各"州必须切实守信并努力划定州议会两院(选举议员的)的选区,所划选区的人口尽可能相同"。

持异议的大法官不承认沃伦所说的隐含在宪法中的这些基本原则。他们认为多数法官的司法意见,除了仅仅是那位大法官(沃伦)的某种民主理论外,其他什么也不是。

如上文所指出的,大法官布雷耶在如何进行恰当的宪法性解读上,表达其赞同最高法院在雷诺兹诉西姆斯案所持的立场,但他也辩称宪法制定者带着保护"行动自由"的意图拟定宪法,因此他指出人民有参与自主治理的权利。大法官布雷耶呼吁以推动这一更大目标实现的方式解读宪法具体条款。因此法院为支持或否决某项政策的任何裁定,必须检查为实现宪法更大目标的裁定后果。他还迫使最高法院按照促进或抑制主动自由的总体目标,检查诸如言论自由条款、商业条款和平等保护条款的不同宪法条款解决的案例。他的方法无论是被描述成原旨主义还是非原旨主义，都是个有趣的问题。

**应用传统**

传统大概是阐明宪法含义的一种有效途径，因为传统告诉我们"社会"——或至少社会的很大一部分——在政府行使权力或不行使权力下应该是怎样的。如果很多据认为通情达理的人相信（例如）做"X"是政府权力所允许的事情，则似乎可以说，法官们就应当重视这些观点。一些法律哲学家甚至主张这些长期存在的宪法理解和惯例应当被理解为"法律"，这样法官在做出判决时就可以合理地使用这些"法律"作为依据。

哪里能够发现"传统"的证据呢？其中一个来源可以从作为宪法条文"参考"的某种背景的习惯法中找到。在"佐治亚州诉伦道夫案"（Georgia v. Randolph 2006）中，控辩双方围绕合理地使用习惯法解读宪法第四修正案产生了争执，最高法院判定，警察在仅获得妻子准许而未得其丈夫（搜查时在场）许可的情况下对住宅进行搜查，违反了不合理搜查的禁令。在大法官史蒂文的共存意见书中，当反对一种原旨主义方法时，他指出"如果'最初的理解'是为了管理案件的结果"，搜查显然是无效的，这是因为，当宪法第四修正案被拟定时，只有丈夫在家中拥有财产权，因此只有丈夫才有法定权力同意或不同意无证搜查。大法官斯卡利亚在他的异议意见书中反驳了大法官史蒂文对原旨主义如何运作的特征描述。斯卡利亚说："是的，使用原旨主义时，宪法第四修正案硬被解读为违反财产权利的背景法。""但，"他接着说，"随着财产法的发展，那些过去不能进行授权的人可能能够进行授权，那些曾经能够给予此项同意的人可能不再拥有那样的权力。但是适用于宪法第四修正案的财产法的改变不会改变该修正案的含义：任何有能力私自单方授权的人可以同意警察进行无证搜查。"

下面是另一个围绕传统产生纠纷的案例——"迈克尔·H诉杰拉尔德·D案"（Michael H. v. Gerald D. 1989）。该案中，大法官斯卡利亚（原旨主义者）对传统的解读遭到大法官布伦南（非原旨主义法官）的尖锐攻击。迈克尔·H声称他与卡罗尔·D存在通奸关系，并且他是维多利亚的生父。维多利亚与已是夫妻的卡罗尔·D和杰拉尔德·D住在一起。迈克尔要求对维多利亚的探访权及其他权利。加利福尼亚法院依据加利福尼亚州法律所规定的妻子所生的孩子在法律上即为婚姻产生的孩子，驳回了他的要求。即使血液试验显示迈克实际上是父亲的可能性高达98.07%,但加利福尼亚州法院仍然坚持此项规定。加利福尼亚州法院认为,本州法律的规定实际上是一种"实质上的法律裁定"(即实行的加利福尼亚州法支持保护夫妻组成的家庭单位,像卡罗尔和杰拉尔德那样的家庭的完整性不可受到责难,像迈克尔那样的人没有资格享有父亲的特权,即使他是孩子的生父)。

迈克尔声称,他有宪法赋予的作为维多利亚的父亲的权利,并且加利福尼亚州法侵犯了他的宪法性权利。此项宪法性权利未明确在宪法中被提及;因此斯卡利亚试着确定"传统"是否可以认定迈克尔和维多利亚为家庭单位。对传统的审视促使他认为,历史上的这种关系并没有被认定为家庭单位;因此迈克尔并不享有受宪法保护的权利。"我们的传统保护婚姻家庭(杰拉尔德、卡罗尔及他们承认的孩子)免受迈克尔所声称的这种主张的伤害。加利福尼亚州的判决获得支持。

在这个背景下,斯卡利亚对发现和解释传统的合理的方法论发表了自己的看法。斯卡利亚的方法是一种通过追溯传统来探究建立在通奸性生父基础上的父亲特权是否受到保护的方法。因此,他通过关注这个问题狭义面的方式,而不是更普遍地关注传统对"生父"的特权,或对父母的特权如何规定的方式,来审视我们的传统。如果可能的话,他主张自己的关注点,希望避免被迫处理被广泛定义的传统,例如一般的自然父母的权利,"因为一般性的传统提出了此类不准确的指导"。他认为,让法官推测一般性传统如何应用于具体问题,法官只需做出决定而无需辨别社会的观点。他指出,使用太广泛定义的传统的麻烦,在本案中已得到阐明。他认为,大法官奥康纳和大法官布伦南均倾向于以更广泛定义的方式看待传统,然而每次使用传统的更广泛定义就会得出相反结果——奥康纳同意斯卡利亚的判断而布伦南反对。因此斯卡利亚要求以更广泛更抽象的方式看待传统,使得"法官可以在意料之外的事情发生时,按照他们认为最好的方式自由决定",但是"一项既不受制于宪法条文也不受制于任何特定定义的传统的法律规则,根本就不是一项法律规则"("迈克尔·H诉杰拉尔德·D案")。

大法官布伦南在不同场合批驳斯卡利亚的方法论。第一,他指责斯卡利亚"伪称传统在宪法周围设置了一种无法辨别的界限"。传统不能控制法官的自由裁量权,布伦南辩称理性的人们可以反对(1)某特定传统的内容,(2)与传统相关的内容,(3)传统何时足够牢靠可以作为依据的论断,(4)传统何时变得太过老旧而不再具有相关性。第二,他声称传统的特定方式在此之前绝对没有被法院使用过,并且具有误导性——以特定的各种亲子关系是否受到保护为例。我们应当限定传统在宪法解读上的角色。

在斯卡利亚的宪法性体系中，我们可能没有注意到这样的事实，即结论性亲子推定的最初理由已经不合时宜了，因为在这个世界上血液检查可以真实地并且毫无疑问地证明谁生了这个小孩，而且那种不符合法律的事实不能再发挥曾经的恼人和污点作用。解释宪法第十四修正案只保护那些专门受历史性惯例保护的利益，此外，多数大法官忽视了这个我们的宪法存在其中的社会……我并不熟悉多数派今天解读的文件。它并不是被我拿来当作宪法的生活宪章，而是沉浸在很久以前的偏见和迷信中的一种污秽、陈旧、古板的文件（"迈克尔·H诉杰拉尔德·D案"）。

**利用新材料**

宪法辩论中广泛使用统计数据始于路易斯·布兰代斯。作为一名20世纪早期的律师，布兰代斯因其在法院里支持自由社会立法（例如，规定限制工作时间，使得雇主可以要求妇女去工作）的辩论而扬名。布兰代斯辩称这种立法是"合理的"，他整理了确立立法要解决的关于社会问题存在的统计证据，来证明其合理性。因此出现了《布兰代斯要点摘录》。这些要点摘录缺乏技术性法律论点，但富于涉及详述法律力图匡正的社会问题的统计数据。

虽然布兰代斯使用这些数据是为防止自由社会立法受到保守派法院所施加的威胁，但近年来，非原旨主义积极分子使用社会科学上的数据和分析攻击政府的政策。这类实践的一个深奥微妙的样例出现在大法官布莱克门拟写的异议意见书中。他的意见书用复杂的社会学研究证明，刑事被告被判处死刑的可能性，因为受害人的种族而发生了戏剧性的改变。例如，数据显示白人杀手被判处死刑的概率比起黑人杀手要明显高一些。不太激进的多数大法官拒绝承认这种论证，即这些数据证实对违法给予平等保护［"麦克莱斯基诉坎普案"（McCleskey v. Kemp 1987）］。

依靠现代价值观的证据已经成为非原旨主义的激进法官拟定的诸多判决意见书的显著特征。在"弗曼诉佐治亚州案"（Furman v. Georgia 1972）中，法院多数大法官，在单段式法院判决意见书中，宣布三个案件中各州的死刑政策违反宪法第八修正案中规定的"残酷惩罚"。三名大法官赞同这项论定，因为对死刑的管理曾经是武断和反复无常的，并不是因为死刑本身违宪。大法官布伦南在他的共存意见书中进一步阐述了这种观点。他保持的立场是,死刑绝不是一种被许可的刑罚,他认为,除了其他方面,死刑与当代社会价值观对立。为证明他的观点,他使用了很少使用的死刑相关的证据;他声称该项证据是一项"客观性的指标",尽管民意测验显示民众支持死刑,但如今死刑与现代价值观对立。在其愿意依靠当代社会价值观的观念中,大法官布伦南遵循其他大法官诸如首席大法官沃伦的传统,他曾评论"残酷惩罚"并指出"宪法修正案必须从标志着成熟社会进步的不断演进的行为标准中吸取其含义"["特罗普诉杜勒斯案"(Trop v. Dulles 1958)]。

在大法官对弗曼案的共存意见书中,对于同样的问题,他采取了截然不同的方法。他认为,应忽视"民意测验"数据,因为大多数人并非完全知悉"死刑的目的及其责任"。他说,如果人们得知(例如)死刑是如何以区别对待的方式实施以及无辜被杀人数的相关证据,他确信"普通公民会……觉得这件事对他们的良心和司法判断产生震撼。单单出于这个原因,死刑就站不住脚"。

根据"不断演进的行为标准"和对宪法第八修正案起草之初存在的历史性习惯法的检查,最高法院判定,宪法第八修正案禁止各州对患有精神疾病的人执行死刑,并禁止剥夺其理解将面临作为刑事惩罚的死刑的心智能力["福特诉温莱特案"(Ford v. Wainwright 1986)]。得克萨斯州要求处决一位已证明有罪并有能力接受审判的凶手,但随后发现他并不是因犯罪被判处死刑,而是因为法院要阻止他传教,该案(福特诉温莱特案)开启了发现宪法修正案受到侵犯的大门["帕内蒂诉考特尔曼案"(Panetti v. Quarterman 2007)]。

除了求助于新的统计数据和当代价值观,一些法官还一直倾向于援引宪法第九修正案(本宪法对某些权利的列举,不得被解释为否定或忽视由人民保留的其他权利)。对于法院的大多数历史而言,这一修正案很少作为参考——只在三个案件中被引用。但在康涅狄格州避孕案(参见第八章)中,法院的多数法官使这一修正案恢复生机。如今一位在宪法学方面成就卓著的自由主义学者认为,宪法第九修正案"至少阐述了一项对宪法的解读规则,指出除了反向合并观点,只有宪法第四修正案中包括人权法案保护的权益,至多为基本的但未在宪法中提及的权利提供了一项确定的法律来源"①。

---

① Lawrence Tribe, *American Constitutional Law*, 2d ed. (Mineola, N. Y.: Foundation Press, 1988), pp. 774 – 775.

**美国价值观的广泛调用**

不受诸如麦迪逊关于制宪会议的笔记以及《联邦党人》此类历史文本的仔细解读的支持,对美国价值观的广泛调用并不是大法官著作的一个普遍特征。但大法官们偶尔通过广泛调用这些价值观来支持他们的判决。布兰代斯大法官支持其言论自由条款的概念,并声称:"那些赢得独立的人相信,各州的最终目的是确保所有人自由地发展他们的能力;在它的政府中,审议的力量应超过专制的力量。他们认为自由既是目的也是手段。他们相信自由是幸福的秘诀,而勇气是自由的秘诀。"["惠特尼诉加利福尼亚州案"(Whitney v. California 1927)(布兰代斯大法官,《共存意见书》)]下面是另一个案例。最高法院已在一系列案件中处理了数百万美元的惩罚性损害赔偿金的合宪性问题,并判定宪法确实对这些赔偿金的金额做出了限定(这种限度由每例案件具体案情具体分析)。多数法官按如下情况进行判决:这种限度存在的前提是,"我国宪法性法理学中显示的公正的基本概念规定,各人不仅平等地获得使其遭受惩罚的通知,也获得各州所施加惩处的严重性的通知"["北美宝马公司诉戈尔案"(BMW of North America v. Gore 1996)]。

在两项相互矛盾的判决中,最高法院超越对美国境内演进标准的检查,参考其他国家的法律。在一项对得克萨斯州禁止同性鸡奸的法律加以否决的案例中,最高法院注意到其他国家在合法化同性之间性交的法律上的变化["劳伦斯诉得克萨斯州案"(Lawrence v. Texas 2003)]。因此,在否决准许对未满十八周岁的犯罪者判处死刑的法律中,大法官肯尼迪写道:

> 我们承认,绝大多数反对判处未成年死刑的国际司法意见是合宜的,很大程度将其理解为青少年的不稳定性和情感失衡往往会成为犯罪的一个因素……虽然国际社会的司法意见不支配我国的审判结果,但确实为我国的断案提供了权威和重要的确认……这种借鉴并不会减少我们对宪法的忠诚度或我们对承认其他国家和民族明确肯定的特定基本权利的起源的自豪感,反而只会加强对我们自由遗产范围内的这些相同权利的集中性["罗珀诉西蒙斯案"(Roper v. Simmons 2005)]。

**对实用性的考量**

大法官们,无论是原旨主义者还是非原旨主义者,均利用过实用的论证或不实用的论证。这些问题可以分为几类。当法院拒绝否决得克萨斯州的学校财政体系时,多数法官的判决意见书指出,法院被要求处理超出自身专业知识所能解决的问题["圣安东尼奥独立学区诉罗德里格斯案"(San Antonio Independent School District v. Rodriguez 1973)]。除了担忧法院自身的机构能力,大法官们还要考虑其裁定的实际影响。在判定波拉·卡宾·琼斯对总统克林顿的民事诉讼不会自动延迟到克林顿离职一案中,最高法院处理了其裁决是否会"产生很多带有政治动机的干扰和轻率的诉讼官司"这个问题["克林顿诉琼斯案"(Clinton v. Jones 1997)]。多数大法官认为不存在这样的风险,尽管表示同意,大法官布雷耶还声称,如果存在的证据显示诉讼会干扰总统行使其职权,应当在最高法院的自由裁量权范围内推迟此类官司。事实上,大法官布雷耶说:"在现实世界,特定的解释性判决的效果,若按基本的宪法目标评价,在宪法性决策中发挥着重要的作用。"[①]对现实性的考量也要取决于宪法的制定者和批准者。例如,通过授权,反对在州法院进行反对州的诉讼,以实施联邦权利来裁定国会没有废除州主权的权力的多数判决意见书中声称,宪法制定者考虑到因金钱损失对州发起的个人诉讼可能损害各州财政统一性。多数大法官继续讨论,如果裁定国会确实拥有此项权力,那么将会产生更大范围的现实影响["奥尔登诉缅因州案"(Alden v. Maine 1999)]。

正如上文所指出的,最高法院在"佐治亚州诉兰道夫案"(Georgia v. Randolph 2006)中,判定警察在其仅得到妻子同意而未得到丈夫(搜查时在场)同意的情况下对该夫妻的住所进行搜查违反了防止不合理搜查的禁令。然后法院继续考虑该问题——警察在搜查时,应该被要求得到不在现场的潜在反对搜查的共同租户的同意吗?不需要。"在很多案件中,没有理由认为努力得到拒绝会有所不同,然而每一件共同租户同意的案件将会变成一项关于警察与潜在反对者沟通充分性的检验。"

## 自由主义和保守主义

原旨主义和保守主义、非原旨主义和自由主义这两者之间的联系是什么?严格意义上说,它们之间没有联系。原旨主义和非原旨主义基于不同的价值观,并且

---

① Stephen Breyer, "Madison Lecture: Our Democratic Constitution," 77 *New York University Law Review* 245(2002).

未指定为对"结果导向"的各种考量而进行宪法性解读的方法。也就是说,拥有原旨主义的观点并不是说"接受原旨主义,因为原旨主义是合理化你想要达成的保守性结果的一种掩护"。的确,在很多宪法性领域,信奉原旨主义的大法官会做出保守派拥护的裁决,例如关于同性鸡奸的刑事定罪("劳伦斯诉得克萨斯州案")。信奉原旨主义的大法官也确实会做出自由派赞同的裁决。大法官斯卡利亚在某个案子中拟定的多数判决意见书断定,在没有搜查令的情况下使用热成像装置从公共大街探测住宅内的加热灯中大麻的情况是违反宪法第四修正案的("凯洛诉合众国案")。被普遍认为是自由主义法官和非原旨主义支持者的大法官史蒂文对上述判决表示反对。在"麦金泰尔诉俄亥俄州选举委员会案"中,大法官史蒂文所拟定的多数判决意见书在否决一项禁止流通与政治运动相关的匿名传单的法律中保护言论的自由。大法官托马斯是一位原旨主义的坚定支持者,他同意该项判决;而大法官斯卡利亚,也是一位坚定的原旨主义支持者,却反对该项判决。

## 司法积极主义及顺从主义

"司法积极主义"这种指责常常被用来攻击做出人们不赞同裁决的大法官。因此民主党人指责法院在否决违反宪法第十一修正案的联邦法令中带有司法积极主义。共和党人指责法院在否决各州反堕胎法中带有司法积极主义。原旨主义和非原旨主义的支持者均被描述为积极主义的践行者。相似地,保守派和自由派也被指责为激进法官。

但"司法积极主义"的定义是什么?格拉利亚教授提出了这样的定义:"我所说的司法积极主义十分简单和具体,即法官对宪法未明确禁止的政府或机构选定的政策习惯性地给予驳回。"[1]但是这些上诉至最高法院的案件通常都是疑难案件——在案件中对宪法的含义存在分歧;因此根据这种定义,避免司法积极主义可能意味着几乎不能否决法律或政策——实质上是对司法审查权力的放弃。

其他对司法积极主义的(多种)定义由一名法律学者确定。[2] 其中一种定义指

---

[1] Lino A. Graglia, "It's Not Constitutionalism It's Judicial Activism," 19 *Harvard Journal of Law and Public Policy* 293(1996).
[2] Kennan D. Kmiec,"Comment:The Origin and Current Meanings of 'Judicial Activism,'"92 *California Law Review* 1441(2004).

某位法官忽视或不顾先例,却在司法上积极活跃。另一种定义是法官"代替议会进行立法"。最后,司法积极主义可能意味着法官致力于"以结果为导向"进行审判。积极主义也可能被理解为"我负责,我要变成在形成政策中等同于其他部门的执行者"的司法态度。考虑到术语"司法积极主义"的多种可能定义、定义的模糊性以及确立控告的困难性(何时有法官忽视先例?)司法积极主义并不是描述或理解最高法院法官及其司法意见的一项特别有用的术语。

对于司法积极主义,最臭名昭著的例子可能就是在"德雷德·斯科特诉斯坦福案"(Dred Scott v. Sandford 1857)中所做的判决——一项招致普遍批评并在推动内战爆发中至关重要的裁决,在这个案件中,最高法院判定斯科特是一名奴隶,不是一名美国"公民",因此没有向联邦法院上诉的权利。通过禁止其诉讼,最高法院拒绝斯科特提出他不再是一名奴隶的请求,该请求的理由是因为在他生命的某一刻,他的主人带他进入自由领地并且这对于使他获得解放具有法律效力。首席大法官托尼使用历史参考资料,判定不管黑人有没有获得自由,宪法制定者从未有使黑人成为美国公民的意图。他对于宪法解读的方法是纯粹原旨主义的一项案例:

> 我们推定,没有人认为任何公众观点或情感的改变应当使得最高法院给予比宪法文字更自由的、比他们在制定和通过宪法时打算去承受的更有利的解读。如果宪法的任何条款被认为不公,则存在一种宪法所规定的自身可被修改的模式;但当不公之处未加修改,现在对宪法的解读当按照其通过之初所规定的进行。宪法不仅有相同的文字,也有相同的含义["德雷德·斯科特诉斯坦福案"(Dred Scott v. Sandford 1857)]。

该法院判决也是一件不遵从其意愿而解决法院不必要处理的案件的样例,例如,国会当局接受在国境内禁止蓄奴的密苏里妥协案的诉讼案例。

**实践指南**

1. 如果律师希望提出能够吸引某位法官的论点,就需要考虑这位法官是一名原旨主义者还是一名非原旨主义者。接下来,律师可以提出与法官宪法解读方法相一致的观点。

2. 你可以通过研究法学者之间对宪法制定者在通过宪法第四修正案上的原始意图的辩论——如,对公立学校教育中"隔离但平等"法律原则的合宪性讨论——而加深对原旨主义的理解。首先,阅读"布朗诉教育委员会案"(Brown v. Board of Education 1954)。与法院的判决意见相反,接着问该项判决是否可以因原旨主义的缘故而受拥护。与之相联系的阅读有:Michael W. McConnell, "Originalism and Desegregation Decisions," 81 *Virginia Law Review* 947(1995); Michael J. Klarman, "Reponse Brown, Originalism, and Constitutional Theory: A Response to Professor McConnell," 81 *Virginia Law Review* 1881(1995); Michael W. McConnell, "Reply: The Originalist Justification for Brown: A Reply to Professor Klarman," 81 *Virginia Law Review* 1937(1995). Also look at Earl M. Maltz, "Remark: A Dissenting Opinion to Brown," *Southern Illinois University Law Review* 93(1995).

3. 如果第十四修正案的制定者和批准者赞成种族隔离的学校,那么布朗案的判决与其意图背道而驰。学者们争论过一个"更好""更强"的非原旨主义的判决意见书会是什么样的,一份较少依赖社会科学证据的意见书似乎是法院所倚重的。你如果读读杰克·巴尔金写的《布朗诉教育委员会案里本该说些什么?》(Jack M. Balkin, What Brown v. *Bpard of Education Should Have Said* New York: New York Univer-Sity Press, 2001.)这本书里的假设意见书,你撰写非原旨主义意见书的技巧会得到提高。

# 第五章　审查准则或标准

本章首先介绍审查准则或审查标准(这两个术语可互换使用)的大意。接着将从第二章里提到的宪法的五个不同领域回顾这些准则的一些具体例子。第六章将详细地介绍书写司法意见书时这些准则的使用。足以说明在法律论证中,这些准则起着前提的作用,正如下所示:

大前提:为符合第一修正案禁止成立新宗教的规定,不得采纳旨在推广宗教的政策。(因此,审查标准:此项政策是为了推广宗教而被采纳的吗?)

小前提:根据该案例记录的证据显示,采纳新政策的目的不是为了发展宗教。

结论:因此,至少就这个例子来讲,该政策是在宪法允许范围内的。

警告:尽管该标准频繁地被法院运用于披露以及论证的过程中,但并不代表它适用于所有案例。

## 一般准则

### 准则以及证明责任

在宪法里,所谓准则,首先是一个评判标准,一项政策要想合乎宪法规定,就必须符合这一标准。比如说:在某些宪法范围内使用的某项简单准则为了使政策合乎宪法规定,要求其:(1)必须是服务于某个合法目的,(2)必须包含与该合法目的的合理关联的方式。当然,要确定该政策是否有合理目的,是否采取与该目的合理关联的方式,需要查问和判断。

这些准则的另外一个特点就是它们明确了谁承担证明责任,换言之:谁必须说服法院该政策是否满足审查的标准。在一些情况下,怀疑法律合宪性的一方承担证明责任(也可以称为"不说服的风险")。在这种情况下,除非该方说服法院认同法律是不合乎宪法规定的,否则法院将会认可该政策。因此,直到承担证明责任方说服法院前,该政策都可以被视为合乎宪法。

在某些情况下,出台政策的有关政府承担证明责任。直到有关政府说服法院认同政策是合法的,该政策都将被视为不合乎宪法规定。

**选择合适的准则**

当然,法院的案例中,选择合适的准则是第一步。如上文中提到过的,不同宪法领域所适用的标准是不同的。因此,法官首先要做的(也是你考虑法律问题时首先要做的),是决定该冲突涉及宪法的哪个领域。比如:到底案例中所涉及的是贸易条款还是平等保护条款?又或者两者都有所涉及?在特定范畴内的案例所适用的准则可能只有一条,然而有时可能法官从整个范围内所运用的诸多准则中选择最为合适的。例如,对于涉及第十四修正案下平等保护条款的案例来说,可能三条准则都适用。因此,需要法官(或者是律师、法律学者以及法律专业学生)以先例为指导,来选择合适的准则。正如下文所示,关于平等保护条款的先例为准则的选择提供了一系列额外的指导。一旦准则确定下来,法官就会将其运用到法庭审查和论证的过程中。

**准则起源于哪里?**

到目前为止,我们一直认为法官只需根据先例便可选择合适的准则。但是我们也需要问这个问题,当那些准则首次出现在最高法院意见判决书上的时候,它们又是从哪里来的呢?这些准则不是宪法里规定的,它们是司法的产物。法庭有规律地改变、修整、重新阐释,然后摒弃这些准则。针对准则的推导、选择、释义和运用所展开的争论是法官们表达自己异议的一种途径。主要的反对意见在于反对者们对于准则的形成、选择以及释义存在异议。同时也对案例中准则的运用怀有异议。现今的法官们处在一场两条战线的长期战斗中,在这场战斗中,他们无休止地争论准则在促成第一修正案设立条款中的意义。法官们无法就是否应该废除这些准则以及怎样在特定案例中运用这些准则达成共识["麦克里县诉美国公民自由协会案"(McCreary County v. A. C. L. U. 2005)]、["范·奥顿诉佩里案"(Van Orden v. Perry 2005)]。

最开始设立一条准则时,将会涉及诸多在最高法院判决意见书里鲜有提到的一些考虑因素。当法官认为政府其他部门中的某一部门犯宪法错误的可能性越高,让该部门承担说服责任并对其选择更为严格的准则的可能性就越大。反之,法官则会倾向于让质疑新政策的一方承担说服责任,而对该部门选择更为宽松的准则。另一个需要考虑的因素是法庭在面对政府其他部门的时候应该扮演怎样的角色。如果法官对于法庭密切关注政府其他部门活动的行为越感到不满,就会越倾向于让质疑新政策的一方承担证明责任。如此,该方将面临证明政策不合法的沉重负担。然而,即使法庭属于非选举产生,法官依然很重视法庭在塑造新政策中的重要作用。因此,法官更有意于让政府承担说服法庭使其相信政策合乎宪法规定这一证明责任。在准则形成的过程当中需要考虑的最后一个因素是准则的实际可操作性。一些言辞模糊、语言组织松散且有伸缩性的准则仅仅从表面上看起来算是准则,在披露过程中发挥不了实际作用,同样在论证过程中也提供不了强有力的论据。

  如果实践证明准则不可行,法院就会降低对该准则的信赖度。在"阿金斯诉蒂伯龙城案"(Agins v. City of Tiburon 1980)中,法院依据第五修正案中征收条款(即公民的财产未经公平补偿,不得被剥夺用于公共用途)对本案进行了裁决。根据征收条款,在分区条例不能实质增进州合法利益的前提下仍将该条例运用到某一特定公民财产上就构成了征收。随后在"林格尔诉雪佛龙案"(Lingle v. Chevron 2005)中,法官废除了"实质增进"准则,因为在他们看来,该准则"实在不够精准",并且它既不需要研究被质疑条例加于私有财产上的责任的大小及特点,也不需要研究调控责任在财产所有者之间是怎样分摊的。因此无法确定该条例所产生的效力是等同于外力对财产的剥夺还是政府对它的挪用。除了其理论上的不足,该准则还可能引发一场对大量关于私有财产条例的复查——"一项不太适合法庭的工作"。

  如果法官们无法找到合适的准则,他们可能会得出结论:该案例**不应由法院受理**,其中涉及的问题应该属于**政治问题**。有些申诉就向法院提出了这样一个难题,称某个州利用政治权利进行不公正的选区划分以支持某一政党,造成支持另一政党选民的选票价值持续下降。现今多数法院不愿审讯此类案件,因为在判定区界线的划分方式是否会以及在何时会不当地降低其中一政党对该州政治进程的影响时,在司法里找不到清晰的或者可以参考使用的标准。["威斯诉朱伯利尔案"(Veith v. Jubelirer 2004)]。虽然肯尼迪法官同意驳回威斯案,但是他依然坚信法院将来有可能找到适用于此类案例的原则。因此他并不认同多数意见,即法院不应该受理对不公正选区划分的申诉。

**准则与司法能动性：顺从与不顺从**

第一章讨论了司法能动性。准则很大程度上决定了法院是否会在某些案件中变得积极主动。如果在某一特定案件中法院选用的准则要求政府承担证明责任，要求其证实法规、政策或者是一个官员的行为是合乎宪法规定的，那么这就证明法院最终可能会取消这项政策，尤其是当政府承担的这一责任是很难履行的时候。当法院选用的准则有这些特点时，法院会花费大量精力对新政策进行细审，不太顺从政府其他部门。例如，法院在有关言论自由的案例中所依据的准则就反映了其不顺从的态度；反之，在处理有关规范商业的条例合宪性的案例中所依据的准则就体现出其强烈的顺从态度。人们也许注意到，在审查国会执行第十四修正案的权力这一案例中，法院选择的"一致性和比例性"准则激怒了国会议员，认为该准则不够顺从国会。但实际上需要注意的是，斯卡利亚大法官对该准则进行抨击的理由不在于它未能顺从国会，而是在于它不够清晰和精准。

## 准则精选实例

### 国会权力

在设立适用处理有关国会权力范围案例的准则时，最高法院查阅文本以确定案例中所涉及的权力是明示还是暗示的，同时也确定该权力是否受另一授权的限制（例如：联邦政府另一部门的授权，国家主权或者是"潜伏贸易条款"）。从而法院就能判断出制定者们的语义意图与预期意图、先例以及承认或是否认该权力存在的实践结论。

在处理国会是否有权建设国家银行这一案例的判决意见书中，首席大法官马歇尔公布了下述有关国会管辖权范围的准则："目的要合法，要在宪法的范围内；所有恰当的、直接用来达到该目标的、未被禁止的且符合宪法文字精神的手段都是符合宪法的["麦卡洛诉马里兰州案"(McCulloch v. Maryland 1819)]。在现今审理的质疑国会权力的案件中，法庭依然会援引该准则。在审理一些宪法问题时，如国会管理州际贸易的权力以及国会税收和财政支出权力，各种不同的准则都发挥着作用。

国会的最主要权力之一是管理各州间的贸易（美国宪法第一条第八款）。近年来，法院将该权力诠释为授予国会管理州际贸易渠道使用，管理保护州际贸易机构的权力以及管理对州际贸易"产生实质性影响"的所有活动的权力。["洛佩斯案"(United States v. Lopez 1995)]。根据法院的诠释，若要符合这一准则，法律必须对"经济"或者是"商业"活动进行管理，同时这些活动反过来要对州际贸易"产生实质性的影响"。因此规范非商业性活动的法律，如在校区携带枪支就超出了宪法第一条第八款授予国会的权力范围。与此类似，规范没有对州际商业活动产生实质性影响的经济活动的法律也不属于上述权力范围。秉承着这些概念，法院拥护禁止为私人医用的目的藏有、搜集或是研制大麻的联邦法["冈萨雷斯诉莱希案"(Gonzales v. Raich 2005)]。为医用搜集、使用大麻这一行为本身不属于"商业"活动而是"经济"活动。

第十四修正案第五款给予国会"有权以适当立法实施本条条文"的权力。如第二章中所讨论过的，近年来法院削减了该权力的范围。法院选择的用以确定某法律是否超出国会权力范围的准则要求"（该法律）所阻止或者被弥补的损害与为达到该目的所采取的手段这两者之间必须存在着一致性以及比例性的关系"["波尔恩市诉弗洛里斯案"(City of Boerne v. Flores 1997)]。最初赞成该准则的斯卡利亚大法官，如今摒弃了它。如果当初他依据的是一条不同的准则，他就已经取消了这条法律。

> 我虽然心怀些许疑虑，但还是赞成了法院的意见。一般来说，我会反对这些基于有延展性的标准上的准则，如"比例性"的准则。因为它们很有可能会变成法官个人实现其政策取向的手段。我向这一次的经验教训妥协。"一致性与比例性"准则如同所有软弱无力的准则一样，会长期导致司法的随意性以及政策驱动下的决策。更糟糕的是，它让法院扮演了国会的"监工"这一角色。在这一准则下，法院（归根结底是最高法院）要定期检查国会的"功课"以确定它为了使自身的补救措施具有一致性和比例性而识别出足够的违宪行为。

**州际贸易中的州法**

回顾在第二章中的讨论，高级法院颁布了下述准则。该准则可用于审理能够影响州际贸易的州法，被质疑违反了"潜伏贸易条款"的案例。

> 如果州法通过公正的调控来实现合法的地方公共利益，并且它对州际贸

易的影响只是附带的,那么除非州际贸易的责任明显超出其假定存在的地方利益,州法将得到法院的支持。如果存在合法的地方目标,那么问题就只是程度上的不同。该法规的责任被承认的程度,自然取决于所涉及地方利益的性质以及它是否能被发扬而对州际活动产生更小的影响。["派克诉布鲁斯教堂案"(Pike v. Bruce Church, Inc. 1970)]

大体而言,该准则表明,如果要使管理州际运输的法律得到拥护,它就必须:(1)公平调控(不歧视州外商业),(2)服务于合法的地方公共目的(如,不用于促进种族隔离),(3)对州际贸易只产生附带且轻微的影响,(4)其加之于州际贸易上的负荷不得超出因其所获得的地方利益。换言之,因其所获得的地方利益必须大于其对州际贸易造成的损害。

派克案中运用的准则是时下被抨击的准则的范例。如今斯卡利亚大法官致力于说服法院其他成员废除在派克案中宣布的这一准则["泰勒管道工业有限公司诉华盛顿税务局案"(Tyler Pipe Industries, Inc., v. Washington Department of Revenue 1987)、"戈德堡诉斯威特案"(Goldberg v. Sweet 1989)]。

**涉及第五修正案征收条款的案例**

第五修正案规定"私有财产未经公平补偿,不得被剥夺用于公共用途"。因此最高法院需要判断政府的某项政策在什么时候等同于征收。外力侵犯土地可被视为征收,这一点毫无争议。但是如果一条法规消除或是部分地减少了土地的经济价值,那么在这两种情况下算不算是对土地的征收呢?根据法院为回答此类问题而设立的一条著名准则所阐述的:财产在一定程度上需要法规的管制,但是如果法规管制范围过大就构成征收。["宾夕法尼亚煤炭公司诉马洪案"(Pennsylvania Coal Co. v. Mahon 1922)]不是用于"公共用途"的征收自动失效。但是用于什么算是公共用途呢?在某一个案例中,州征用了相对贫穷人民长期拥有的私人住宅,并将其移交给了私人开发商。法院判决该征用属于"公共用途"["凯洛诉新伦敦市案"(Kelo v. City of New London 2005)]。法院根据征收"是否服务公共目标"这一"准则"得出结论:为经济发展进行的征收属于公共目标范畴(当然,败诉的原告现在已经得到了"公平的补偿")。

联邦最高法院的观点

**涉及个人权利的案例**

最高法院关于个人权利的判决意见书中包含了大量的准则和复审标准。例如,法院指出如果被搜查的地方不具备下列条件,则无证搜查不被视为违反第四修正案中保护个人不被无理搜查及扣押的法规:(1)该当事人表达了实际的隐私期望,(2)该期望被社会认为是合理的。基于这一准则,法院宣布警察可以对留在公共人行道上的垃圾袋进行无证搜查["加利福尼亚州诉格林伍德案"(California v. Greenwood 1988)]。在另一范例中,法院宣布其在判断惩罚是否违反"残酷及异常惩罚"的禁令时要考虑下列因素:(1)罪行的严重性以及刑罚的严厉程度,(2)在同一司法管辖区内对其他罪犯的刑罚,(3)在其他司法管辖区内对同一犯罪行为的刑罚["索利姆诉赫尔姆案"(Solem v. Helm 1983)]。

法院关于言论自由的判决意见书根据具体所涉及的言论自由问题选用不同的准则。这里仅提到三种准则。法院规定销售淫秽刊物不属于言论自由权的范围之内。根据法院设立的著名的关于淫秽的定义,要判定某刊物是否淫秽,法院必须考虑"(a)总的来说,'推行当代社区标准的普通人'是否会觉得刊物会引起人的淫欲,(b)刊物中是否以一种明显令人不适的方式,对由适用的法律明确下了定义的性行为进行描述,(c)从整体上来说,刊物是否缺乏严肃的文学、艺术、政治或是科学价值"["米勒诉加利福尼亚州案"(Miller v. California 1973)]。

关于"商业言论"(如产品广告)的法规,法院写道:涉及违法活动或是具有误导作用的商业言论不受第一修正案的保护。如果言论是关于合法活动的且不具有误导作用,那么州法规只有在符合以下由三部分构成的准则时才被许可:(1)政府必须能从管理言论中得到实质性的利益;(2)法规能直接促进政府的利益;(3)法规在实现利益时,不应过于宽泛(也不应过于严格)["哈得孙中心电力有限公司诉公共服务委员会案"(Central Hudson Gas v. Public Service Commission 1980)]。在接下来的案例中,法院将准则的第三条诠释为政府要运用小范围简单实用的方式去实现预期目标。然而,这并不等同于要求政府运用限制最少的方式["纽约州立大学董事会诉福克斯案"(Board of Trustees of State University of New York v. Fox 1989)]。

最后,在判决如某人因发表言论而扰乱治安这类案件时,准则规定只有"当发表的言论旨在以及有可能煽动或引起迫在眉睫的违法行为时",政府才可以进行阻止["勃兰登堡诉俄亥俄州案"(Brandenburg v. Ohio 1969)]。

在涉及商业裁决的判决意见书以及关于"隐私"权的案例中,最高法院选用了一套不同的准则或复核标准(律师及法学者将这两类案例称为"实质性正当程序"案例)。此类案例涉及对第十四修正案"正当程序"条款的质疑以及在"正当程序"条款中没有写明但法院认为应当予以保护的权利与价值(如隐私以及使用避孕用品的权利)。在这一领域内,法院凭借的两条准则是"理性基础准则"(最常用于关于经济、商业规范的裁决中)和"严格审查准则"(用于关于隐私及其他生活方式的案例中)。

根据现今运用的理性基础准则,质疑政府法律法规或政策的人承担说服责任,说服法院认同下述两点中任意一点:(1)某条法律或政策并不是服务于合法的目的,(2)某条法律或政策没有和该目的"合理关联"。(由于质疑者承担说服法院裁定法律不合乎宪法规定的责任,这说明法院审理时这一法律是被推定为合法的,为了胜诉,质疑者必须反驳这一推定。)因此,如果一份判决意见书基于这个准则要证明某条法律无效,就会推论政府的目的是不合法的,或者为了寻求这一目的所选择的方式不是与该目的合理关联的,或者上述两种情况都存在。在这里我要先声明一下,如果法院选择这一复核标准,那么事实上政府不大可能会败诉,质疑者胜诉的可能性不大。几乎可以肯定地说,只要选用了这一准则,该法律就会被证明是合乎宪法规定的。也就是说,该准则是一项"从轻"的准则。如果法院选择了这条准则就说明法院顺从立法机构的判断,法院如果按这种方式去做,也被称为"有克制地"行动。

法院在涉及"隐私"(如使用避孕手段,堕胎,结婚的权利)的判决意见书中运用了"严格审查"准则。法院选用此准则时,政府必须说服法院认同以下两点(1)其政策服务于一个不仅合法且令人信服的目的,(2)实现该目的的方式是"必要"的。目前法院受理的这条法律被推定为违宪,要使该条法律继续存在不被推翻,政府必须说服法院认可准则中所阐述的两点。

如果法院判决意见书中选择的是该准则,就表明法院拥护此法律的可能性不大。这是一条"严格"的准则,因而得名。选择该准则表明法院非常关注此法律以及提供的关于违反宪法的理由;很多理由并不被认为足够充分。因此,运用此准则的法院表现得更为"行动主义"。

在有理性基础准则和严格审理准则这两条准则的情况下,法院应该如何解释它为何选择其中的一条而非另一条呢?因此,现在我要开始探讨法院设立一个"选择准则"的准则的需要。大体而言,法院曾表明,如果争议中所涉及的个人权利为"基本权利"(即特别重要的权利)时,法院会选择严格审理准则。相反,如果所涉及

81

的仅仅是普通的宪法权利,法院会选择理性基础准则。因而,很多宪法权利被指定为基本权利(例如,隐私权,使用避孕手段的权利,堕胎的权利以及结婚的权利)。如果判决意见书的撰写人将某权利界定为基本权利,那么该判决意见书会判定,侵犯了该权利会被认为是违反宪法,政府必须说服法庭不要废除此法律。换言之,政府必须证明此法律符合严格审理准则。但如果判决意见书的撰写人没有将某权利界定为基本权利(如经营企业的权利或同性恋性肛交的权利),那么判决意见书就会采用理性基础准则。此时,质疑政府政策的人就需要说服法院此法律不符合理性基础准则。

上文中的论述并没有对有关个人权利的案例中所选用的准则进行彻底的探讨。其他的一些准则可用于处理下述主题,如自由信教的权利,合同减损,个人在警方问讯时放弃要求律师在场的权利,被政府部门解雇前(经过正当程序)参加听证会的权利,不受限于追溯既往法以及公民权利剥夺法的权利。

**平等保护**

大致来说,法庭在审理不同种类的关于平等保护的案例时,会选择不同的准则或是复核标准。也就是说,法庭的判决意见书可以划分为三类:

**第一类**
- 关于使用对少数种族不利的种族标准的案例。
- 关于将种族标准用作肯定性行动计划一部分的案例。
- 关于差别对待影响基本权利/利益以及也有可能影响贫民阶级的案例。
- 关于标准是为了非法目的还是为了公民权利拟定的案例。[1]

法院在审理第一类案例时,会选用严格的审查准则。在运用该准则时,政府的政策会被推定为违宪,除非政府成功地履行了说服责任。政府必须证明该分类是服务于一个令人信服的目的且为实现该目的的分类是必需的。这是最严格的准则,所以在运用该准则时,涉案法律几乎总是被判定为违宪(多数法院曾说过宪法是色盲,因此任何种族标准都是违宪的,除非它是服务于一两个特殊的目的。不过,在服务于特殊目的时,种族标准的使用仍需符合严格的审查准则。请参阅第九章)。

---

[1] 也许有人会疑惑,为什么此分类中没有包括关于对性别以及有缺陷的群体进行差别对待的案例。这是在法官中颇具争议的重要问题。

**第二类**
- 关于使用对女性或是男性不利的性别准则的案例。
- 关于将性别准则用作帮助妇女的肯定性行动的一部分案例。

第二类判决意见书运用的是中级准则。政府必须说服法院(1)其基于性别准则的政策服务于一个"重要的"目的,(2)所运用的准则及差别对待与该目的之间有着"实质性的关联"。在运用该准则时,政府的政策会被推定为违宪,除非政府成功地履行了说服责任。不过此时政府承担的责任相对于上一准则来说更轻。此外,运用该准则时,证明法律受宪法允许的可能性比运用严格审查准则时更大。

**第三类**
- 所有其他案例,如涉及商业规范或者将年龄用作标准的案例。简而言之,第一类判决意见书选用了严格审查准则的平等保护的角度。
- 和其他严格审查准则一样,政府承担说服责任。为了使某条法律得到支持,政府必须说服法院认可(1)该法律是服务于一个"令人信服"的目的,(2)为实现该目的,所运用的标准、分类方案以及差别对待是"必需的"。

第三类判决意见书运用了理性基础准则的平等保护的角度。质疑某条法律的人必须说服法院赞成下述两点中任意一点:(1)新法的目的是违法的,或者(2)准则及分类方案与新法的目的之间不是合理关联的。选用该准则说明政府的新政策被假定为合宪,除非质疑方能够说服法庭相信它是违宪的。当这种准则被使用时,新法被证明违宪的可能性实际上几乎等于零。

这三条准则表示不同程度的司法能动性。在运用最严格的准则时,法院会写一份涉及对新法进行彻底审查的意见书。反之,在运用最宽松的准则时,判决意见书将会反映出接受新法的意愿,即使新法中可能存在诸多缺陷。

**禁止确立国教及宗教信仰自由准则**

回顾第二章,最高法院在第一修正案中的禁止确立国教条款与宗教信仰自由条款之间实现了微妙的平衡。法院运用某些特定的准则以力图实现这一平衡。"禁止确立国教条款"的判决意见书中,所运用的准则的起源,已成为庭内庭外争议的主题。第一修正案的文本、制定者意图、理论及原则、传统、当代价值观念、先例以及实际问题全都列入了关于这些准则的发展、解释及运用的争论中。这些争论恰好表现出了新近且占多数的反对意见的特征。

## 联邦最高法院的观点

与禁止确立国教的条款相关的较有争议的准则之一是所谓的莱蒙准则[该准则出现在"莱蒙诉库尔兹曼案"(Lemon v. Kurtzman 1971)]的判决意见书中。要使基于该条款的质疑获得认可,(1)该政策必须有一个非宗教的目的;(2)该政策所产生的主要影响既不能为推进宗教的发展也不能为压制宗教的发展;(3)新法不能助长政府与宗教之间过多的纠缠。现今这一纠缠准则被整合成了第二条主要准则,但也只是对该政策产生的主要影响所进行的探究的一个方面["阿戈斯蒂尼诉菲尔顿案"(Agostini v. Felton 1997)]。

尽管法院依然坚持第一以及第二条准则,但是多年来,对这两条准则特别是第二条准则的解释在不断发展。因此,在查阅涉及这些条款的判决意见书时,必须对案例中所运用准则的具体版本感觉敏锐。不同法官对同一准则不同版本的选择反映出了对禁止确立国教条款的含义存在的严重分歧。苏特大法官认为该条款确立了"不对宗教提供援助"的原则。同时,他还承认"没有单纯的对宗教的援助,也没有单纯的世俗福利",因此法院的任务就是对某一特定形式的援助所产生的影响进行一个实际的评定["米切尔诉赫尔姆斯案"(Mitchell v. Helms 2000)]。为达到此目的,他表示法院必须考虑诸多因素:援助的公正性,受援方的类型,所受的援助是进行直接分配还是间接分配,援助的内容,偏向宗教目的的潜在可能性,该援助取代宗教学校开支的程度以及援助的实质性。这一版本的准则对政府援助施加了严格的限制。

其他反对"不对宗教提供援助"原则的法官提出了对该准则不同的解释。托马斯大法官将第二条准则诠释为:在援助不会导致政府教化,不以宗教为参考界定它的接收者以及不会造成过多的纠缠的前提下,该援助是被允许的。实际上,托马斯大法官发现如果是基于中立的基础,对公立和私立学校(包括宗教及非宗教的)提供援助且援助的内容是非宗教的(如电脑设备),那么上述的因素都可以满足。此外,如果援助符合该准则,即使偏向了宗教目的也可以被允许。

奥康纳大法官在苏特大法官及托马斯大法官之间保留了自己的立场。尽管她接受托马斯大法官关于第二条准则的阐述,但是她并不认可"在中立基础上提供援助就是自动满足该准则"的这一观点。她会研究一些其他因素,如实际上援助是否会偏向宗教目的;因此,她反对苏特大法官关于纯粹的潜在偏离的担忧,也拒绝接受托马斯大法官的"基于中立基础上的援助可能会偏向宗教目的"这一立场。

涉及确立条款的更为复杂的诉讼表明,事实上法官们采用了其他准则以充实、补充莱蒙准则。例如,一些法官已经接受支持准则作为阐明以及使莱蒙准则更具体的方式(该准则需要法院确定政府是否在传达支持或反对宗教的信息)。但事实表明,为实现更高精确度的这一努力引发了关于支持准则本身的进一步争论,争论的内容包括何时选用该准则以及该准则的意义["国会大厦广场审查咨询委员会诉皮耐特案"(Capital Square Review and Advisory Board v. Pinette 1995)]。

同样,法官们对于运用莱蒙准则审理涉及公开的祷告以及展示宗教物品的案例上存在分歧。在审理关于法庭上展示十戒的案例中,大多数法官高度依赖于第一条莱蒙准则——目的准则,该准则被理解为"政府不会更偏向于某个宗教,或者说相对于非宗教而言,更偏向于宗教……"["麦克科瑞诉美国公民自由协会案"(McCreary v. ACLU 2005)]。持异议者们赞同这是一条"关注了公共援助或救助的有效的准则,……但从更为狭义的角度来说,它必然适用于制定者的公开承认"。在一起相伴案件中,托马斯大法官说法院应当摒弃莱蒙准则;他认为政府只有在强制性要求遵守宗教或是对宗教进行强制性征税的情况下,才是违反了"禁止建立国教"的条款["凡·奥登诉佩里案"(Van Orden v. Perry 2005)]。

尽管混乱所影响的范围不是那么广泛,但也标志着与信教自由条款有关的准则的使用状况。一般而言,信教自由案例一般涉及州法或是政策,同时该州法或政策不在宗教基础上进行区分,但是对宗教人士或宗教组织能够产生极大的影响。如今受影响的人士以及组织要求免受新法影响。例如,根据州政策规定,没有人能够在自愿辞职的情况下得到失业补偿金。现在的问题是,当某人出于宗教原因反对战争而放弃了在军械厂的工作时,按照宪法规定,该政策是否对上述案例适用呢?此人是否必须以信教自由的名义,要求免受州政策的限制,从而获得领取失业补偿金的许可呢?

大约在1963年到1990年之间,最高法院使用了下述方法处理此类案例。例如"托马斯诉印第安纳州就业安全审查委员会案"(Thomas v. Review Board of Indiana Employment Security 1980)。最初,反对政策的宗教信仰者承担证明下述内容的责任:(1)他或她提出的豁免申请是基于宗教信仰而不仅仅是基于哲学或其他非宗教信仰,(2)该有关宗教的申请是诚恳提出的,(3)该政策的继续实施确实会对他或她的宗教信仰自由产生影响。法院表明只有在说服其认可上述三点的情况下,它才会考虑关于政府必须确立的政策。如果反对政策的宗教信仰者能够令人信服,那么说服责任将转而由政府承担。为防止反对政策的宗教信仰者得到豁免,政府必须符合严格审查准则的条款。在1990年,法院采用了一种新的方法。

因此在现今多数涉及宗教信仰自由的案例中，法庭会询问某法律的实施是出于给宗教自由增添负担的目的，还是该负担仅仅是一条普遍适用且有效的条款所产生的附带影响。持反对意见的宗教信仰者必须遵守具有普遍适用性的有效中立的法律，即使该法律有可能对宗教信仰自由造成严重的负担["人力资源部就业处诉史密斯案"（Employment Division, Department of Human Resources v. Smith 1990）]。

**准则以及确定错觉**

尽管准则在披露以及论证的过程中都很有效，但是它们并不易于使用。使用它们并不像使用算法。在判决意见书中运用准则会造成一种错觉，人们会觉得该判决的基本原则已经被阐明了，但是如果对其做进一步的了解会发现实际上法院并没有真正告知我们判决的基本原则。例如，在一份支持某学校对参加竞争性课外活动（包括学校合唱团）的所有学生进行随机药检的判决中，大部分运用了一个平衡准则。该准则考虑到了诸多因素，例如学校所面临的药品问题的程度，学生对隐私权的期望以及药检的侵袭性等["波特瓦特米县独立学区 92 号教育委员会诉伊尔斯案"（Board of Education of Independent School District No. 92 of Pottawatomie County v. Earls 2002）]。判决对这一隐喻性标准的两面所涉及的各因素进行了阐释，随后宣布了结果，却没有提供一个真实的计算方法，解释为什么支持校方的因素胜过了支持作为原告的学生方的因素。

持有异议的法官经常抱怨大多数人误用了某一特定准则，这证明了使用准则的难度。例如，上文中提到的许多准则要求考查方式与目的之间的关系。因此，各种不同的准则都要求一个"合理的关联性"，一种影响不会过于广泛的方式，一种与目的有实质性关联的方式，必要的限制，一种"严格适应"的方式，一种"直接促进"目的的方式或者说一种"必要"的方式。你会注意到，法官们在这些准则的运用上意见不一致，并且他们在判决意见书里也几乎不额外提供关于他们怎样运用这些准则以及其他人应该怎样运用这些准则的信息。在一起肯定行动的案例中就出现了上述争议。在该案例中，多数人与持异议者在关于密歇根大学法学院追求多样化目标所采取的方式是否"必需"这一问题上争执不下。["格拉特诉柏林格案"（Grutter v. Bollinger 2003）]。同样的争议出现在了"社区学校诉西雅图一号校区案"（Parents Involved in Community Schools v. Seattle School District No. 1

2007)的学生家长之间,此案例中的主要争议是对于在公立中小学里基于种族基础的学生分派计划存在的不同观点(请参阅第九章)。

如上所述,属于第一类涉及平等保护的案例会选用要求政府服务于"令人信服的州利益"的准则。但是法庭从未明确规定什么才构成"令人信服的州利益"。因此,在密歇根法学院的案例中,多数人与持异议者在学校的目标(即学生群体多样化)是否属于"令人信服的州利益"这一问题上存在明显分歧。同样,在实质性的正当程序方面,法庭也未给出"基本权利"的准确定义。

## 实践指南

1. 学习法院制定的用以证明其判决合理的准则是熟悉宪法的有效方法。

2. 为进一步加深了解,要理解这些准则的作用以及目的。准则可以帮助法院判定在什么情况下纯粹的侵权等同于违反宪法,即在什么情况下侵权是被允许的以及什么情况下是不被允许的。此外,在政府的一项法律或政策中涉及种族分类计划时,法院会选用严格审查准则。在此类案例中,严格审理准则用以判定种族分类的使用是否合法。

3. 在基于先例的基础上进行宪法论证时,要充分了解先例所基于的准则。此外,要了解准则是怎样被运用的(例如,由哪方承担证明责任以及责任的具体内容是什么)。

4. 在查阅先例时,要注意法官之间关于选用哪条准则更合适的争议,同时也要注意所有关于准则应用的争议。

5. 在查阅关于联邦与州政府司法管辖权的判决意见书时,要注意法院使用的术语以及法院怎样界定某一被质疑的政府活动。

6. 注意在实质性正当程序案例与平等保护案例中所运用的相似(但不相同)的准则。了解这些相似准则间的差异可以使你牢牢掌握实质性正当程序案例与平等保护案例之间的差异。

7. 注意在质疑"禁止确立国教条款"案例中,原告力图从整体上推翻被抨击的法律或政策。而在质疑"信教自由"案例中,要么原告会设法推翻该法律,因为它可以说是基于压制宗教的目的而被采纳的。要么原告会设法申请获得某法律或政策的豁免权,因为该法或政策对信教自由会产生附带但却极其消极的影响。

# 第六章 先　　例

先例是撰写判决意见书和其他绝大部分法律论据的一个重要参考资料。先例本身就是法律判决意见书的体现,因此,法律判决意见书用于产生新的法律判决意见书。法官和任何一个撰写法律论据的人似乎都不可避免地会遇到一个重复性循环,即想要写判决意见书就需要了解先前的判决意见书,想要了解先前的判决意见书就要知道如何写判决意见书。本章通过探讨先例判决理由以便为此重复性循环提供一个解决方法。

通过系统阐述判决理由来解释先例既是一项技术也是一门艺术,法官们在这方面都非常擅长。本章将探究法官确定先例判决理由的基本方法,并讨论遵从先例的原则,即指导法官确定是否应遵循先例的原则。

## 术语插曲

宪法里有许多高频术语:(1)原则,(2)信条,(3)检验或审查标准,(4)规则,(5)法律支持或判决理由,(6)政策。首先让我们探讨一下"政策"这个词。政策制定可能被视为同时考虑和决定目标和实现目标的方法的过程。参与政策制定的人可能(被期望)在某个观点上妥协或反复争论以得出双方都满意的解决方法。在宪法用语中,只有立法机关才能制定政策。法院不应该参与政策制定,这时常被提及。理论上,法院只是发现、解释和应用法律。

"原则""信条""规则""准则"和"审查标准"这些术语常交替使用。例如,以下情况可被称为原则,规则,信条或准则:因为国会被授权管理州与州之间的贸易,当一个"当地"生产工厂属于州际生产和销售公司的一部分时,国会可能规定其劳资关系,因为在这种工厂出现劳资混乱现象会对州际贸易有"很严重的影响"["国家劳资关系协会诉琼斯劳克林钢铁公司案"(National Labor Relations Board v.

Jones & Laughlin Steel Corp. 1937)]。这还能被称作"琼斯劳克林案"的"法律支持"或判决理由。这个法规也为判定将来的案件提供了标准,即若规范一个对州际贸易"有较大经济影响"的活动,那么这个规定在贸易条款下是被允许的。

但尽管"规则"和"原则"这些术语经常交替使用,它们还可以被用于表达不同的含义。例如,"原则"这一术语有时指的是非常基础的和持久的一些事情。广义上讲,原则倾向用于一般包含价值的术语中,需要进一步阐述和解释。例如,第十四修正案中平等保护条款所体现的原则也许是所有人都应享受平等的尊严和尊重。但我们也可以说宪法所体现的其他"原则"并没有那么明显的道德表现(如分权原则)。

第五章已经谈到"准则"或"审查标准"。这些都是依法建立的标准,法院要求政府的政策必须满足这些标准才符合宪法。例如,如果"分类合理并符合立法目的",那么采取不同的方式对待不同的事务这一政策就符合宪法(这是平等保护案件中合理的基本准则)。准则产生于原则或以原则为基础,原则一般更基础、更持久。

"规则"也源自基本原则,并且比起基本原则,规则一般是在更精确或更有局限性的语言中形成。例如,最高法院在分权原则的一部分基础上,制定了一定的规则(或信条)用以指导决定是否审理案件。其中一个规则是最高法院不能对总统所寻求的法律意见给予咨询性建议。

判决意见书中的判决理由是(1)这个案件的重要事实,(2)政府政策是否符合宪法的结论。(判决理由也可被称为法律支持。)例如,"佐贝尔诉威廉姆斯案"(Zobel v. Williams 1982)中,阿拉斯加州在分配来自其蓬勃发展石油业的剩余税收时,按照其居民在该州成立后所居住时间的长短,来为他们分配不同金额的红利。最高法院判定这一政策违反了第十四修正案中的平等保护条款。因此,这一案件的判决理由可作如下表述:按照其居民在该州成立后所居住时间的长短来按比例重新分配剩余税收是违反平等保护条款的。这一案件的重要事实可能既包括已裁决的事实,又包括背景事实,这些都是最高法院要依据的事实(见第一章)。

判决意见书的法律支持,判决理由,规则和原则不是被"发现"的,而是通过阐释判决意见书而积极地被创建的。以法律支持的形成为例。如文中表述的,判决理由的形成要求确定这一案件的重要事实是什么。有人认为,如果一个事实能显示出结论的"必要性"和"充分性",那么这个事实就是起决定性的"重要"事实。如果这一事实对结论是否符合宪法只有"偶然性"影响,那么这一事实即为"重要"事实。

现在我们再来回顾一下"佐贝尔案"。在得出判决的过程中,最高法院拒绝了阿拉斯加州的主张,即认为居住时间长短可以衡量对该州贡献多少,并以此为根据来为居民分配剩余基金。换言之,最高法院也主张(裁定或下定结论)根据居民未明确的过去对该州的各种各样的贡献来对他们进行不同的奖励不符合"国家合法目的"。现在我用更加通俗的语言来阐述一下判决理由:一个州只通过评判其是否为更有价值的居民而对真诚守法的居民区别对待,这违反了第十四修正案中的平等保护条款。

总之,"原则""法律支持""规则""准则"和"判决理由"这些术语有时是交替使用的。其次,在某些情况下,这些词并不能精准地表达同一个意思。例如,正如所提到的,法律支持或判决理由经常被用于表述专业意义,也就是说,它是一个类似于规则的声明,是通过结合(1)案件的重要事实和(2)政府政策是否符合宪法的判决而形成的。

在判定"法律支持"或"判决理由"时,最高法院会用"原则""规则""准则"或"审查标准"这些词来表述判决理由。因此,通常判决意见书"支持"(规定或下结论)以下看法:在将来,会基于 H 准则来分析所有 X 类型的问题。这些原则,规定,准则和审查标准也具有先例的价值,并用于将来法庭确定判定理由。这些原则,规定,准则和审查标准可作为推理策略的一部分。它们本身可能被推理判定所用,或是要求达到平衡。总之,先例可直接用于类比论证,但除此之外,在先例中可发现一些用于推理和平衡的资料。先例有着多重用途。

最高法院经常将先例中的判决理由与类比论证一起使用。例如,用佐贝尔案做类比,一个州根据一个人在该州居住时间的长短来分配免税比例是不符合宪法的。同样地,又通过类比,给予居住时间长的居民五倍于新来居民投票价值可能是不符合宪法的。当然,人们也可质疑类比是否恰当,甚至询问这两个结论是否合理。

## 英国的先例规则

### 判决理由,附带意见,和有区别的案件

影响美国法律的先例规则起源于英国普通法。英国普通法法院在表述它们的

判决理由时依赖于之前的判决。英国法院把这种做法称为先例规则,即如果两个案件的"重要"事实一样,那么就必须用同样的方法判决这两个案件。制定这个规则有几个原因:类似案件用类似的方式判决是公平的;类似案件用类似的方式判决是合理的;遵从先例有助于保持法律的稳定性,这种稳定性允许人们做计划。

有一个关于实施先例规则的简单例子。我们称其为案件 B,被告威胁要对原告,一个外国女仆,进行刑事起诉,原因是她不提供一定的信息["詹维尔诉斯威尼案"(Janvier v. Sweeney 1919)]。被告的威胁其实是毫无意义的谎言,因为他知道他对这个女孩任何的控诉都是无根据的。然而,这个女孩因这个威胁而忧虑痛苦,导致生病,于是她成了原告,向被告提起诉讼。法院的判决书可用三段式的方式粗略地总结为:

法律前提:被告故意对原告说谎话,这很可能惊吓到原告而引起原告身体上的不适,被告是有责任的(基于先例案件 A 的前提)。

事实前提:这起案件中,被告对原告撒谎,这很可能,并且事实上已经使原告受到惊吓并引起身体不适(基于审判中已确定的事实)。

结论:被告有责任。

我们所关心的是在案件 B 中,法官是如何建立他的论据的,具体来说,就是他如何建立法律前提进行判决。在我们审视三段式之前,很有必要说明三段式是演绎推理的杰出例子,这点将在第七章进行详细探讨。注意三段式一般采用以下形式:

法律前提:如果发生 A,那么得出 B,如果被告做了 X,那么被告有责任。

事实前提:情况 A 属实,即被告做了 X。

结论:因此,得出 B,即被告有责任。

现在我们需要提出,法官是从何获得第一个前提的(第二个前提是在审讯法庭上由审讯建立起来的)。

步骤一 首先,法官 B 要先研究有关先例,即和现在案件具有类似重要事实的先例。他查到了"威尔金森诉唐顿案"(Wilkinson v. Downton 1897)。威尔金森案中的被告开玩笑地告诉原告她丈夫在车祸中伤势严重,被送进雷顿斯通的埃尔姆斯医院时双腿骨折。这个假话吓得原告产生呕吐和其他严重的身体不适并持续了数周。在这个玩笑之前,她并没有任何疾病,也没有受到紧张惊吓的表现。威尔金森案(案件 A)的法官认为被告故意做此行为以对原告造成身体伤害,这是提起诉讼的一个合理法律基础,因为该谎言没有任何理由。

**步骤二** 法官 B 意识到案件 A 的事实和外国女仆案类似但不完全一样。因此,他第二步即决定两个案件中的事实在重要方面是否足够类似,可以将案件 A 作为案件 B 的先例来处理,或者案件 A 与案件 B 是**有区别的**。事实上,他认为案件 A 和案件 B 类似;因此他决定不区别案件 A,并用案件 A 来为自己在案件 B 中的判决提供理由(案件 B 的法官也可以**区别**案件 A 和案件 B,并在判决意见书上写上起诉人应被允许使用起诉威胁的方法来汇集信息)。①

**步骤三** 第三步是确定案件 A 的判决理由。我们已知道,法官 B 将按照以上陈述的判决理由得出的案件 A 的判决,理解为三段式的法律前提(我们称它为版本 1)。但法官 B 如何确定该法律原则是案件 A 的判决理由?答案是,对确定这个判决理由的特殊版本进行了阐释。以下是案件 A 判决理由的另一个可能的版本:

> 被告人故意对原告谎称原告的一个近亲受了很严重的伤,而这个谎话致使原告忧虑痛苦,在几个星期里遭受身体上的严重不适,那么被告对此负有责任。(版本 2)

这个判决理由的版本比较狭窄片面,因为这个规定仅仅对有关家庭成员健康的蓄意谎话和该谎话产生的身体症状有关。如果这是案件 A 的"法律支持",那么处理案件 B 的法院恐怕很难使用该先例做出对女仆有利的判决。

但是,正如我们前面所见,法官 B 选择将案件 A 阐释为建立更抽象和更笼统的判决理由。但法官 B 是如何判定这个更笼统的判决理由是更好的阐释呢?为什么法官 B 没有将案件 A 阐释为表述更抽象或更笼统的规定,即告知任何人导致任何程度精神痛苦的任何错误言论是责任判定的基础?(版本 3)

在英国的案件中,有一条很重要的规定来指导案件的阐释和判决理由版本的选择:"法院不赋予前辈制定广泛规定的无限权力。"②基于这个原则,一个英国法

---

① 然而,假设案件 B 的法官能找到的唯一先例中,原告故意打击被告,造成身体伤害。那么,涉及"殴打"的这类案件是不同的。因此,在没有发现和案件 B 相似的案件时,法官 B 本应有两个选择:他可以断定原告能够赢得诉讼,因为没有相关规定用于撰写支持原告的判决,或者他可以"延伸"这类殴打案件,用它们做判决理由,这本质上是产生了"新法律"。

② Glanville Williams, *Learning the Law*, 11th ed. (London: Stevens and Sons, 1982), p. 75.

官不会选择版本3,认为它不必要地拓宽了描述,作为案件A的法律支持。

至于版本2,尽管是一个貌似很合理的备选,但是法官B可能认为第一个版本最适合他所理解的先例A,也就是说,根据先例A,该法官可能判定,即使和家庭成员无关的谎言也是有害的并且是诉讼的基础。

在阐述第四步前,我想插入说一说附带意见这一概念或普通法官附带意见。法官的附带意见可以采取几种形式,可以是有关法律的"插入语"或"顺带的评论",跟法院的该案件不一定有联系。例如,法官A指出原告也起诉被告"欺骗"和故意引起情感伤害。为了证实欺骗行为,法律要求原告确定被告撒谎,被告打算让原告对谎言有所行动,原告相信谎言,并在此行为下受到了伤害。但法官A指出对原告造成的伤害,并不是因为她是在被告所说的话的基础上"做出了行动"。她所受的惊吓和身体不适只是对谎言的自然反应。因此,法官A暗示,而不是实际判决,起诉欺骗行为是不会成功的。但他也指出,原告还有另一根据,可以在其基础上对所造成的伤害索赔,即她可声称情感伤害。所以,法官A对"欺骗"索赔的评论是附带意见,是关于法律的表述,与案件A的最终判决没有必然联系。

当法官作出类似法律裁决的东西,但他的评论是基于假设的事实,并且这些事实并没有在案件中被证实的时候,人们也能在判决意见书中找到法官附带意见。例如,假设法官B说,如果被告向原告说谎,迫使其提供必要信息以保护国家安全,那么他会作出不同的判决。这种对故意引起情感伤害的责任的"异议"不是法律,不会对将来的法庭有约束作用,因为它不是法庭所讨论的议题,表达这种异议对案件B的实际判决来说是没有必要的。

最后,我们可以将法官的附带意见定义为由法官措辞形成的,对于他或她正在判的案件目的来说过于宽泛并没有必要联系的法律支持或规定。例如,上述讨论的案件法律支持的版本3就涉及了没有在案件A的庭上出现的问题;因此这个版本过于宽泛地描述了该案件。所以,如果一个法官声称这是他或她的判决的法律支持,他或她被认为仅给出了附带意见。

**步骤四** 法官B撰写判决意见书的最后一步是将案件A的判决理由应用到案件B的事实中。因此法官B判定对外国女佣说的谎话是很可能引起情感伤害的谎话,外国女佣所受的伤害足以使她获得赔偿。正如我上文所指出的,法官B确实找到了这个"事实",这在三段式的第二段,或事实前提中有所反映。

## 先例规则理论

先例规则要求法官确定判决理由。通过强加这个要求于将来的法庭，该规则假设判决理由真实存在并需被发掘。不同的是，先例的规则假定，先前判决意见书的法律意义，并不是一个以供法官在案件 B 主观理解先例。即该规则认为，法官 B 并不能按他想得到的判决理由而完全任意地对其进行演绎。

先例规则还要求将来的法庭与判决理由紧密相连。也就是说，当与先例有关时，将来的法官必须遵从先例，即使他们个人并不喜欢该判决。无关个人意识是怎样，正如前文提到的，案件，作为代表公平和合理性的一件事，必须以同样的方式对待。

除公平和合理性之外的其他考虑也说明需要坚持这一规则。如前所述，先例规则保存了法律的可预测性和稳定性。它还提高了做出法律判决的效率和速度，因为比起每次对法庭上的争论做出新的规则来，基于早已存在的规则做出判决会更简单、更迅速。

现在，先例规则的一些作用是能够预测到的。先例规则趋向于使法律慢些变化，以一次就改变一步的速度增加。它限制了有指向性的突然变化或是新规则的产生。它对法官的选择提供了一套特殊标准。也就是说，法官冷静地并本着公平的原则解读和应用先例。比起期望法官创建新的法律体系，在这种体系下，法官的个人意识就变得没那么重要了。最后，人们期望在这种认真分析先例的体系下对法官的判决意见书有所发现。

## 最高法院的先例规则（遵循先例）

### 先例规则的法律地位

首先，我们将指出明显的但很重要的一点。因为最高法院是最高等的法院，因此没有更高的法院让其先例被遵循。这也意味着 19 世纪时的最高法院并不比 20 世纪时的最高法院具有更大的法律权威，仅仅因为在历史上 19 世纪的最高法院建立的法律更早。

现在我们再来看看更基础的观察。所有宪法依据的起点必须是宪法本身。在

## 第六章 先 例

此阐述首席法官马歇尔对马布里麦迪逊案的判决：

> 这是一个很普通的争论议题，要么是宪法控制和它相反的最高法院法案，要么是最高法院用平常的法律判决改变宪法。没有介于这两个选择之间的办法。但是那些制定宪法的人当然会思考最高法院的判决，作为国家的基本法律，和宪法相矛盾是不可避免的。

鉴于这些假设，正如昼夜交替般，最高法院不能也不应该必须遵循先例，它有自己的定论，并代表宪法的最好诠释。换句话说，如果法官依靠了错误的判决而做判定，那么他们有责任宣布他们自己的先例无效。法官布伦南写道："当法官对先例做出的诠释和其本身意义相差甚远时，本着对社会巨大的宪法责任，他必须公开这个差距和指向一个不同道路。"[1]接着，他又写道："在涉及联邦宪法的案件中，通过立法行为进行纠正是不可能的，最高法院经常推翻自己之前的判决。最高法院遵从经验的教训和更好推理的力量，认识到在物理科学中常见的尝试和错误过程在司法职能上也是适用的。"["美国诉科特案"（United States v. Scott 1978），出自"伯内特诉科罗纳多石油天然气有限公司案"（Burnet v. Coronado Oil & Gas Co. 1932）（布兰代斯、J.，异议）]。同样，最高法院也写道："宪法问题，是通过修正而不是立法行为来进行纠正，但纵观历史，最高法院会自由使用其权限对其宪法判决基础进行审查。"["史密斯诉奥尔赖特案"（Smith v. Allwright 1944）]，和：

> 遵循先例是我们法律体系的基石，但它在宪法案件中却没什么权力作用，除了宪法修正案。最高法院只是用于做出改变的一个实体。["韦伯斯特诉生殖健康服务协会案"（Webster v. Reproductive Health Services 1989）][2]

---

[1] William J. Brennan Jr. "The Constitution of the United States: Contemporary Ratification, 27 S. Tex. L. Rev. 433(1986):444.
[2] 在涉及诠释联邦法规时，最高法院对遵循先例这一规则的态度是不同的。最高法院写道："支持废除已建立的先例的一方承受的负担要更大，最高法院被要求推翻法律解释的重要一点。在法律解释的领域里，遵循先例的考虑具有特殊效力，在这里，它和宪法解释不一样，立法权被彰显出来，国会仍具有改变它们所做之事的自由"["帕特森诉麦克莱恩信用社案"（Patterson v. McLean Credit Union 1989）]。还可参见"布思诉马里兰案"（Booth v. Maryland 1987）和"史密斯诉奥尔赖特案"（Smith v. Allwright 1944）。

会对此感到惊讶。例如,1937年到1949年这十二年里,最高法院推翻了早前21个案件的判决(脚注省略),这个数量和科罗纳多石油天然气案前140年里被推翻判决的案件的数量一样。直到1959年,最高法院撤销涉及宪法的案件的判决达到60个之多。在接下来的20年里,被最高法院推翻判决的宪法案件也不少于47个。如果沃伦或伯格法庭认为案件判决错了,那么没有宪法先例——不论是新先例还是旧先例——是安全的,这看似也合理了。①

在"基梅尔诉加利福尼亚州案"(Chimel v. California 1969)中,即关于搜查和依法逮捕适当范畴的判定,宪法曲折的变化被生动地体现出来。基梅尔案中,最高法院认为,为了缴获被捕人可能使用的武器和把握其企图隐藏或摧毁的证据,负责逮捕的警官按照宪法,可以在没有逮捕令的情况下对被捕人周边控制区域进行搜查。在证实这个结论的过程中,最高法院查阅了有关先例,并从中发现之前法规的五个改变(基梅尔案的判决是第六个改变),提及这些变化,最高法院曾一度表示先例都"被抛到九霄云外了"。

某位法官对先例漫不经心的态度,可以在法官威廉姆·道格拉斯的判决意见书中体现出来。道格拉斯法官曾撰写了"斯金纳诉俄克拉荷马州案"(Skinner v. Oklahoma 1942)的多数判决意见书,内容是第三次判定损坏俄克拉荷马州自愿节育雕像为反公德行为重罪,但不是侵占、盗用行为的一起案件。他的判决意见包括一段很长的阐述生育是人类基本的人权,他所做的这个论断没有引用任何先例或是原始资料。"哈珀诉弗吉尼亚州选举委员会案"(Harper V. Virginia Board of Elections 1966)中,道格拉斯法官写了关于废除人头税的主要判决意见,人头税即在参加投票前投票人必须交的一小部分费用。他的判决意见忽略了之前两个最高法院支持人头税的案件。他并未遵循先例规则。相反,在粗略地总结了许多其他判决后,他宣称早前的人头税案件现在可以被推翻了。对此,他的解释很简单:为实现平等保护条款而建立的平等对待的观念改变了。

总之,很少有法官会视现存的先例为既定的法律并遵循它们,即使他必须采用

---

① Earl M. Maltz, "Some Thoughts on the Death of State Decisis in Constitutional Law," *Wisconsin Law Review*(1980):467. 最近的一个判决意见书中,法官伦奎斯特指出,在过去的20多个任期中,最高法院完全或部分推翻了其33个判决("佩恩诉田纳西州案"(Payne v. Tennessee 1991))。

一个他个人并不赞同的判定。法官斯卡利亚写道:"我认为最高法院为了挽回面子而在民主进程中坚持我所认为的不公正的侵犯是违背我的誓言的。"["布斯诉马里兰州案"(Booth v. Maryland 1987)]。

法官们推翻先例有几个基本原因。记者兼幽默作家芬利·彼得·邓恩给出的解释可能是最有名的:"无论宪法是否遵循其一贯的价值观,最高法院都遵循选举申报书。"关于最高法院这个具有讽刺性的观点指向了另一个更根本、更看似有道理的解释。总统们都是在公众意见和文化发生巨大变化的情况下选举出来的,这导致法官的任命和批准及对宪法意义的观点不同于前人,因此致使法规产生变化。还有这么一种情况,即一个特别的先例很可能导致不幸的结果,因此最高法院可能会采用新的法规。当然,宪法也能根据第五条款正式修订,强制最高法院放弃较老文本的先例。法官可能拒绝先例,因为他们由衷地认为它是基于对宪法阐释错误的方式而建立的。

## 延展和缩小先例

推翻先例是改变宪法法规最剧烈的方式。最高法院也重新解读先例,有时延展先例,有时缩小先例。(延展和缩小先例的结果会变化,如下所述,依据先例是否原本推翻政府政策还是支持政府政策。)最高法院用以下几种方式解释了先例。

### 描述一种真实的区别

让我们仔细研究如何区别先例和狭窄地解读它。法官通过指向先例的重要事实区别先例,他认为先例不同于当前法庭处理的案件,因此不适用于这个案件。区分案件既简单也困难。任何一个案件都和其他案件不同,从这个层面上来说就很简单了,因为没有两个案件在所有方面都相同(如,原被告姓名不同,案件所涉及的人不同)。但是如果我们严肃地看待这一观念,认为海顿诉莫扎特案不同于蒙克诉埃林顿案,因为所涉及的人不同,那么我们就会打破先例。我们应该区分著名作曲家和第二爵士作曲家,白人作曲家和美籍非裔作曲家吗?可能不应该,因为区分案件要基于重要事实的不同。

"克林顿诉琼斯案"(Clinton v. Jones 1997)中出现了有关区别先例的争论,这个争论开始于波拉·卡宾·琼斯起诉克林顿对其进行性骚扰所造成的伤害,这个在克林顿成为总统前就承认了。对于该诉讼的回应,克林顿总统认为宪法要求联邦法院推迟该诉讼到他任期结束。否决总统的主要意见不得不基于先例,而先例是支持总统地位的。这个先例就是"尼克松诉菲茨杰拉德案"(Nixson v. Fitzgerald 1982)的判决,此案件涉及的问题为,揭发人是否可以在尼克松总统于国会委员会听证结束以及被弹劾之后要求尼克松及其他官员赔偿民事损害。最高法院认为总统因其官方行为绝对免除于民事责任。"因为总统责任的重要,所以因私人诉讼而导致的权利转移将会引起政府有效职能的不稳定风险。"克林顿诉琼斯案主要判决不同于尼克松诉菲茨杰拉德案,尼克松案判决是由官方行为引起而要求金钱索赔的,并且涉及总统免责于诉讼,而克林顿案涉及的是非官方行为。官方行为豁免权的授予是基于避免使总统"在其卸任官方责任时过度谨慎"。当然,这个原理并不支持非官方行为的豁免权。

### 狭隘地阐释判决理由

"威斯康星州诉康斯坦丁诺镇案"(Wisconsin v. Constatineau 1971)涉及一个法规,要求公职人员禁止签售或赠送酒水给饮酒过度的人(如法律所要求的)。警长哈特福特在没有任何征兆下在各酒类专卖店贴出一则通知,即康斯坦丁诺镇不允许出售任何酒类。法官道格拉斯发现这则通知欠妥,并认为是违反宪法的。他写道:"因为政府所作所为而使一个人的良好的名声、信誉、荣耀或廉政变得岌岌可危,通知和提供审讯的机会是必要的。"因此,最高法院似乎认为在政府公开给一个人贴上污蔑的标签前,必须有一个审讯,提供机会给此人为维护自己良好的名声进行辩护和防止公开发布。

下面要提到的案件是"保罗诉戴维斯案"(Paul v. Davis 1976),肯塔基州路易斯维尔警长给店主们一个传单,警告他们小心店铺扒手,其中保罗的名字就在单子上(保罗曾因偷窃而被控告,但这个案件最终并未立案,他也没有入狱)。保罗认为根据威斯康星州诉康斯坦丁诺镇案的法规,分发传单是违反宪法的。法官伦奎斯特宣称威斯康星州案涉及两个重要事实:(1)污蔑被强加于康斯坦丁诺镇,(2)他也没有购买酒的机会。因此,法官伦奎斯特认为威斯康星州所遭遇的并不仅仅是污蔑得出的违反宪法这一结论,说其违反宪法必要的一点是他也丧失了购买酒类的权利。换而言之,法官伦奎斯特认为丧失购买酒的权利是威斯康星州案的重要事实。他说威斯康星州案支持了以下判决理由:当政府强加污蔑并伴有某些无形利益如雇佣或人们之前所有的权利(购买酒的权利)丧失时,可以请求听审。因此他认为入店行窃案不同于威斯康星州案,因为戴维斯只是被污蔑,并不具有要求听审的权利。伦奎斯特将威斯康星州案"限定"于一套事实(如,狭隘阐释和对政府最小限度地施加限制)。

自由党法官布伦南反对该判决意见,说大部分人已经不信任威斯康星州案的影响,并期望这样的信念,即"当今的判决肯定是异常的偏差"。(更多自由党的回应在下文有叙述。)

在一个言论自由的案件中,最高法院大部分人推翻了拥有或分发电脑所制作的儿童性行为图片是违法的这一联邦法律["阿什克罗夫特诉言论自由联盟案"(Ashcroft v. Free Speech Coalition 2002)]。在推翻该法律时,最高法院认为它不同于更早前的案件,即主张分发儿童性行为的材料是违法的["纽约诉费博案"(New York v. Ferber 1982)]。最高法院指出,在费博案中,关注焦点在于,用现实的儿童进行色情产品的制作,因此禁止对现实儿童造成伤害这一禁令是合理的,而对现实儿童的色情描写的禁令并不能以费博案为立法依据。

**降级已宣布的原则为附带意见**

通过将已建立的原则变为附带意见来减少法规的先例价值是狭隘阐释先例的另一种方法。自由党的法官在处理"宾夕法尼亚州煤炭公司诉马洪案"(Pennsylvania Coal Co. v. Mahon 1922)中就体现了这一点。该案所涉及的宾夕法尼亚州的法规是禁止用危及居民房屋下陷的方法开采煤矿。这个案件的原告为了避免自己房屋的下陷而求助于法律强制禁止煤炭公司的此种行为。该煤炭公司认为将法律强加于此是对其财产的"剥夺"(该煤炭公司具有开采所有煤炭权利的契据,即使是会破坏地面表层结构)并且没有补偿,违反了第五修正案。最高法院支持此说法。

许多年后,最高法院面临着到底马洪案的判决是什么这一问题。这里有关于马洪案判决理由的两个可能版本:

A. 管理法对于财产所有者的使用权的管理超出了限度,这是一种"剥夺",即使它以服务公众为目的("马洪案"的判决意见实际上体现出该法规。依据"超出限度"这一短语的解释,接受该法规作为判决依据严重地制约了政府并加剧了私人财产保护脱离政府控制)。

B. 仅为保护其他私人("马洪案"的房屋所有者)利益而限制个人财产的使用

的法律并没有充分服务于公众利益,因此构成了"剥夺"(这个判决理由的版本严重地限制了马洪案所蕴含的意义。也就是说,用这种方式解读该案件,意味着只要不打算帮助单独的个人,政府就可能致力于广泛的条例。这个狭隘的版本延伸了政府的权威)。

1987年,最高法院大部分自由党派人士认为马洪案符合版本 B["金斯顿煤炭协会诉狄本尼迪克提斯案"(Keystone Coal Association v. DeBenedictis 1987)]。这些自由党派人士认为保护"马洪案"中的单独财产所有者是一个狭隘的法律执行问题。因此,"狄本尼迪克提斯案"的自由党派人士说在此案之前,为了判决该特殊案件,最高法院没有必要对判决理由更广泛的版本进行探讨。也就是说,"马洪案"仅涉及在单独房屋拥有者的要求下法律的执行问题。因此,关于"马洪案"那些更广泛意义的判决理由的内容只是建议性的,没有先例价值。

关于"马洪案"的论述局限于狭隘的问题和判决理由,"狄本尼迪克提斯案"中绝大部分的自由党派人士区别了这两个案件。"狄本尼迪克提斯案"中,最高法院认为这些限制是符合宪法的,不是一种没有补偿的"剥夺",因为,在其他原因中,他们以服务大众为目的,不仅仅保护单独个人的财产利益。这使得"狄本尼迪克提斯案"中绝大部分的自由党派人士产生一个不用于"马洪案"的判定。事实上,"狄本尼迪克提斯案"中,最高法院支持宾夕法尼亚州的另一法规,即因各种环境原因而对煤炭开采施有严苛的制约。

总之,本章的这部分从三方面说明了对先例的狭隘解读:(1)提升一定的事实成为判决的重要事实,因此其他不涉及这些事实的案件必须作为不同的问题对待,先例中已公开的原则不适用于此案例;(2)狭隘地解释先例的规则;(3)确定某个特殊的法规仅是法官的附带意见。

### 拒绝将事实作为决定性判决依据

延展对先例的阐释可以采用不同的方式:一种方式是否决事实作为决定判决的依据,这个事实会限制先例的意义。试回想涉及张贴含有过多饮酒人的单子的威斯康星州案,法官伦奎斯特对该案解释很狭隘,强调丧失购买酒的权利是决定判决的依据。现在,让我们来看看法官布伦南对该酒案的阐释,他在之后的入店偷窃案中有所概括["保罗诉戴维斯案"(Paul v. Davis 1976)]。他从两方面反击了伦奎斯特对该酒案的阐释。第一,布伦南引用了威斯康星州案判决意见书的段落,认为最高法院仅关注张贴单子的污蔑性影响，而不是购买酒的权利的丧失："这里显示的问题是，标签……是否是污蔑……程序上必要的过程要求通知和听审机会。"第二，他说参考威斯康星州案中购买酒的权利的丧失仅作为完整呈现事实的一部分，并且绝不暗含任何对已宣布原则应用的限制。总之，对布伦南来说，威斯康星州案中丧失购买酒的权利不是重要事实，也不是区别它和入店行窃案件的基础。

也就是说，法官布伦南用"威斯康星州案"作为类比对"保罗诉戴维斯案"作出判决。他通过概括总结"威斯康星州案"中的事实和对"威斯康星州案"中细节的轻描淡写而作出判决，从而更概括性地应用了该案。

对于通过否定一定的事实对判决的决定性影响而延展先例的例子还有一个。1988年，自由党和保守党人曾违反宪法向各种组织包括宗教组织提供财务基金供服务和研究青少年性欲["鲍恩诉肯德里克"（Bowen v. Kendrick 1988）]。比如，在批准补助金的法律下，接受基金的宗教组织从宗教角度提供性问题咨询是不受限制的。由于这些钱是宗教组织出于宗教观点用以促进堕胎、避孕和有关性话题，这一联邦项目受到挑战。首席法官伦奎斯特撰写了多数判决意见书，认为该书面法律（从表面上）并未涉及其运用（从应用上）是否符合宪法。我不会探究伦奎斯特判决意见书的每个细节，但是会重点说一下他对先例的解释，他曾经支持基金项目符合宪法这一观点。

早在鲍恩案发生的二十年前，最高法院赞成给大学包括宗教大学提供财政援助，用于协助他们为了世俗目的建设新设施["蒂尔顿诉理查森案"（Tilton v. Richardson 1971）]。（附带告诉您这个判决和最高法院反对提供财政援助给宗教附属小学和中学是形成鲜明对比的。我不会去谈论这些似乎不一致的结论。）在"鲍恩案"中，首席法官伦奎斯特站在以下观点解释蒂尔顿案：（1）即使可以预见部分接受组织是宗教附属的和属于宗教的，一个普通的补助金项目也能建立。（2）之前的案例并没有保证作出这样一个推测，即流行的宗教组织不能以世俗的方式使用联邦基金。

现在让我们来看看首席法官伦奎斯特是如何得出这些结论的。为了用这种方式解释"蒂尔顿案"，伦奎斯特不得不忽略蒂尔顿案判决意见书中的以下事实和评论。也就是说，他忽略了它们，而含蓄地总结认为以下情况不是判决"蒂尔顿案"的决定依据。

- 在"蒂尔顿案"里得到认可的法律专门禁止将联邦用来建造楼房的基金用于宗教目的。

- 宗教教化不是根本目的或与教堂相关的学院的活动，因此宗教渗透世俗的教育领域是不可能的。
- 学院和大学强调学术自由的重要性和学生自由的及批判性的回应。
- 学院和大学的学生是不易受影响的，因此他们不易受宗教教化影响。

如果我们考虑对蒂尔顿法案的这些评论，这个判决意见书的判决理由比首席法官伦奎斯特所描述的狭隘多了。例如，最准确的表述应该是这样。对宗教附属组织的财政援助是允许的，只要该援助限于协助世俗活动，考虑到受援助的组织性质，有理由相信他们不会将宗教教化作为根本目的，而且他们的客户也不会被动接受宗教教化。很明显，如果这是蒂尔顿案的判决理由，那么鲍恩案的援助项目就不符合宪法了。但是，通过对蒂尔顿案进行不同的解释，伦奎斯特用它来支撑他对鲍恩案补助金项目支持的论断。最高法院的自由党派在其异议意见书中更狭隘地看待了蒂尔顿案。

不同的是，伦奎斯特选择通过忽略一定先例事实而用其做类比。他概括精简了先例，从而建立他自己的论断，即支持政府权威。另一方面，自由党派选择强调蒂尔顿案中伦奎斯特忽略的那些事实。

**通过使重要事实一般化以扩大意义**

与否认某一事实为重要事实的技巧密切相关的实践中的做法是把已经被认为是重要的这些事实一般化。这是一个说明如何将一系列具体事实概括为更为一般性陈述的例子。假定一个六岁男孩从另一个六岁男孩那里拿走了一本童话书。老师认为这种行为是错误的。这位老师的判决理由有不同版本。(1)六岁的男孩不能从其他六岁男孩那里偷书。(2)孩子不能偷属于其他孩子的物品。(3)人们不能偷对他人有价值的物品。从"劳伦斯诉得克萨斯州案"（Lawrence v. Texas 2003）中我们可以看到，其多数意见正是利用这一过程的作用来解释先例的。劳伦斯一案否定了将同性恋鸡奸确定为犯罪的法律，其多数意见解释了保护使用避孕措施以及用流产终止妊娠的权利的先例解释并确立了这样的原则：政府不能用刑事法律对"不存在人身伤害或滥用法律保护的制度"的行为进行管理。

**宽泛解释先例想要服务的目标**

法官可以使用一种不同的技巧来宽泛解释先例。在"威克斯诉合众国案"

(Weeks v. United States 1914)中,最高法院宣布了"证据排除规则",根据该规则,警察从被告处非法获得的证据违反了第四修正案,因而不能用于证明被告有罪的审判。在此规则产生多年以后,法院解决了关于该规则适用范围的两个问题:第一,证据排除规则是否应被用于阻止将证据提交大陪审团(与刑事审判相悖);第二,地方法官错误发放了搜查令,该搜查令最终被证明是无效的,但是警察基于善意而搜集的证据能否适用于该排除规则["卡兰德拉案"(United States v. Calandra 1974)、"利昂案"(United States v. Leon 1984)]。自由派(在两个案件中都占少数)通过宽泛解释"威克斯案",对以上两个案件都作出了肯定的回答。虽然"威克斯案"并没牵涉"卡兰德拉案"和"利昂案"的确切问题,自由派还是说"威克斯案"在上述两个案件中起主导作用。自由派通过两步对"威克斯案"进行了宽泛解释。

1. 他们解释,"威克斯案"确定了证据排除规则的两个目标:通过禁止司法系统使用非法获得的证据来保护其正当性,以及通过禁止警察因其不法行为获益而对其形成制约。

2. 自由派还说"威克斯案"承认了第四修正案的隐私权是个人的宪法权利,其中包括被告排除非法获得的证据的权利。

因此,自由派否认了保守派对"威克斯案"的解释。保守派对"威克斯案"的解释是,证据排除规则的唯一目标即制约警察,而非补偿因搜查对受害人造成的隐私权侵害。保守派认为,证据排除规则作为救济方式,并非权利,在特定案件中证据排除规则使用的依据是成本和收益的计算。在"卡兰德拉案"和"利昂案"中,占多数的保守派认为适用证据排除规则的成本高于其收益;因而非法获得的证据现在可以用于大陪审团程序,并且,如果警察是基于对搜查令的善意相信的话,也可以用于刑事审判。

但是让我们回到自由派宽泛解释"威克斯案"的方法中来。最重要的是,他们在"威克斯案"中发现了证据排除规则的两个理由。他们认为,除了该规则是被告的个人宪法权利这一事实外,还应当从这两个目标来理解该规则。该规则的这两个目标及它作为个人权利的现状,使得该规则适用于刑事司法系统的各个方面。简言之,自由派通过考察该规则服务的非常广泛的目标,从而扩大了该规则的适用范围。以此方式解释一项规则是保证其扩大适用的典型方法。在这个案例中,扩大化解读该规则将会限制可容许的政府行为范围(例如,会使更多的政府政策违宪)。

让我们回到"克林顿诉琼斯案"。布雷耶大法官在其等同于反对意见的并存意见书中,同意总统的请求,不应必然地免于起诉,但是应赋予其说服法庭的机会,因而需要在特定案件中推迟诉讼。布雷耶大法官对"尼克松诉菲茨杰拉德案"提供了一种异于多数意见的解释,并作为支持其立场的一部分。他说,尼克松案的关键是:不使总统因必须应对私人法律诉讼而对其责任有所分心。因对责任的注意力分散是尼克松案的关键因素,该案应解读为代表了这一原则:"审理私人诉现任总统的民事赔偿案件的法官,不应发布会明显分散总统对其公职注意力的裁决。"如此,与多数意见所持的原则相比,布雷耶大法官就将尼克松案解释为一种不同的且一定程度上更宽泛的原则。

## 处理先例中相互矛盾的内容

有时法庭审理的案件先例会有两个不同且相互矛盾的内容,其中我们发现多数意见反对 A 内容,支持 B 内容,然而异议者支持 A 内容,反对 B 内容。在"杰克逊诉大都会爱迪生公司案"(Jackson v. Metropolitan Edison Co. 1974)中,大都会爱迪生公司是由私人所有并经营的电力公司,它的一名客户对其提起诉讼,称该公司因其未付电费,在无适当通知和听证的情况下,就停止了对她的电力服务,因而侵犯了其第十四修正案规定的正当程序权利。该案提出的主要问题是,宪法及其第十四修正案专为政府行为而非私人行为而设。如果这就是全部必要问题的话,这场针对私人公司的宪法诉讼应当被驳回。但有时政府与私人部门牵涉过多,以致法院乐于将看起来似乎是纯粹私人的行为在事实上认定为"国家行为";如此,宪法就能用于调整该行为。但是,何时私人行为不应被视为纯粹的私人行为(应该说这里存在国家行为)并受宪法制约? 在"杰克逊案"中,多数意见认为,本案并不具备国家行为的要素。但是反对意见则持相反意见。为了支持他们各自的结论,多数意见和反对意见都找到了先例。

先例牵涉几个不同内容的案件。其中之一为"公共职能"内容,其主张概括而言:提出履行"公共职能"的私人行为受第十四修正案调整["马什诉阿拉巴马州案"(Marsh v. Alabama 1946)]。原告诉称电力提供基本的公共服务,因此履行了公共职能。但是多数意见通过解释先例(如"马什案"的判决)而否定了这一论证。多数意见认为该先例代表了这样的主张:只有当私人行使"传统的、排他的"由国家保留的权力时,才属国家行为。因为提供电力服务不属于由国家"传统的、排他的"行使的职能,所以大都会爱迪生公司未被授予国家权力。因为它并未由国家专属权力的授权而行动,所以不存在国家行动,也不能使用宪法。马歇尔大法官在其反对意见中更宽泛地解释了公共职能。他说该先例代表了这一主张:"普遍由公共机构管制或所有,传统上与国家相关"的服务属国家行为,所以电力服务属于公共职能,大都会爱迪生公司受宪法制约。

在"杰克逊案"中,还有另外一种多数意见和反对意见相冲突的案例内容。简要地说,该案例内容代表了这一观点:如果国家牵涉的被诉行为达到"某种明显的程度",那么就可以说存在国家行为。在该内容上,有三个先例造成了"杰克逊案"多数意见和反对意见之间的难题。法庭在其中一个案例中判定存在国家行为。这个案例是"伯顿诉威尔明顿市泊车管理局案"(Burton v. Wilmington Parking Authority 1961),该案涉及私人所有的饭店租赁公有停车场空间。因该饭店不接待黑人,问题即为平等保护条款是否适用——酒店是否从事"国家行为"?法庭作出了肯定回答。因为法庭发现了政府和饭店之间的重要关联:饭店从政府进行租赁;该建筑本身属公共用途;该建筑是用公款建成;饭店是作为该建筑整体的一部分来经营;国家可以明确坚称该饭店没有歧视。简言之,这里存在象征和共生关系。第二个先例涉及一个私人俱乐部拒绝为其某位会员的黑人朋友提供服务["穆斯会馆诉艾尔维斯案"(Moose Lodge No. 107 v. Irvis 1972)]。本案的私人俱乐部与国家的牵涉在于它从国家获得了卖酒执照,并服从国家白酒登记计划的管理。然而,多数意见认为本案不存在国家行为——这里不像伯顿案一样存在象征关系。第三个先例是"公共事业委员会诉波拉克案"(Public Utilities Commission v. Pollack 1952)。

让我们回到"杰克逊案"中,其多数意见否定了"伯顿案",支持"穆斯会馆案"。"杰克逊案"的多数意见指出,"伯顿案"存在这一事实:国家"是如此深入地使其自身处于和(酒店)相互依存的位置,因而它必须被视为(该歧视)的共同参与者"。但是在本案中,国家并不是停止电力服务的共同参与者。国家对大都会爱迪生公司向其用户收取的费率进行了充分调整,并且大都会爱迪生公司曾通知国家其停止服务拖欠电费用户的方法,国家并未阻止这一程序并事实上作出正式批准。"杰克逊案"的多数意见认为国家并未"对提议行动施加自身影响"。"杰克逊案"的情况更类似穆斯会馆一案:仅有私人俱乐部的白酒受国家规制这一事实不足以认定国家行为。作为其基本立场，多数意见认为该先例代表了这种观点：当"在国家和受其制约的被诉行为实体之间存在足够密切的关联时，后者的行为理应被视为国家本身的行为"时，才存在国家行为。本案中，国家与停止服务的行为之间并不存在足够的关联，因此不能说停电是政府行为的结果。

马歇尔大法官在其异议意见书中提供了对"伯顿案"的不同解释，并认为据此"杰克逊案"应得出不同的结论。马歇尔大法官说道（同意斯图尔特大法官在"伯顿案"中的共存意见），在伯顿案背后，国家通过不作为用其权力、财产和特权支持了歧视行为。在本案中，国家批准了该公司停止服务的方式——正是本案所起诉的行为，因此国家的干涉更大。他还指出，在"穆斯会馆案"中，法庭曾建议如果国家有助长或者鼓励民族歧视的行为，将会有不同的案件结论。他指出，相对于多数意见的要求，这是一个不那么严苛的标准。因而他不同意多数意见所谓先例支持"关联"标准。

在第三个先例"波拉克案"中，法庭得出结论认为，公共汽车公司在其公交车上安装喇叭音乐系统时，从事的是国家行为（本案原告基于第一修正案就喇叭音乐提起诉讼）。"杰克逊案"的多数意见认为该案的关键要素是喇叭音乐系统是在听证后会由哥伦比亚区公共事业委员会特别批准的，政府实际上已经认可了喇叭音乐系统。但是在"杰克逊案"中，多数意见将其与"波拉克案"作了区分。本案中，国家并未对大都会爱迪生公司停止服务的行为作出许可。国家并没有"通过命令对提议行动施加自身影响"。

马歇尔大法官在其异议意见中不同意多数意见，他认为在波拉克举办的听证会是案件的关键要素。"实际上，多数意见恐怕限制了波拉克这一要素，如果这一要素没有被完全抛弃的话。"

**对先例进行限缩和宽泛解读的效果**

所有的法官，不论其政治偏好，都会使用本章所讨论的技巧绕过他们觉得尴尬的先例，并使用他们认为有用的可为援引的先例。自由派和保守派都会对他们不同意的先例进行限缩解释，而对他们赞成的先例进行宽泛解释。限缩解释和宽泛解释先例的后果，取决于该先例是推翻了一项政府政策，还是支持了一项政府政策。该模式包含在下表中。

|  | 推翻政府政策的先例 | 支持政府政策的先例 |
| --- | --- | --- |
| 对先例的限缩解释 | I<br>缩小了不被允许的政府行为范围 | II<br>缩小了被允许的政府行为范围 |
| 对先例的宽泛解释 | III<br>扩大了不被允许的政府行为范围 | IV<br>扩大了被允许的政府行为范围 |

来看单元格 I，对先例的限缩解释推翻了一项政府政策，因其限缩解释，不被允许的政府行为范围变小了，结果是扩大了政府权力。这是保罗诉戴维斯案的情况。宽泛解释该同一个先例的效果（单元格 III）是完全相反的（即政府权力被限制）。这是威克斯诉美国案的情况。

来看单元格 II，对先例的限缩解释支持了政府政策，其后果是保持了政府权力受到一定限制的状态（即被允许的行为范围没有扩大）。如果伦奎斯特大法官对"蒂尔顿案"进行限缩解读，他将限制政府资助宗教学校的权力。但是相反，他对"蒂尔顿案"（单元格 IV）进行了宽泛解读，结果，他扩大了政府援助宗教学校的权力。

当遇到内容不同的案例时，法官将会进行魔术式的工作，将乍看起来像是法律原则大杂烩的事物整合为连贯的法律体。他们通过限缩解释一些案件，又宽泛解释另一些案例来做到这点。在第九章，我们将看到最高法院的相对多数意见对支持使用种族作为录取考量因素的案件进行了限缩解释，并对禁止使用种族作为政府决定因素的案件进行了宽泛解释。对案件的这种解读使录取案成为被宽泛解释的案件中所宣称的色盲原则的例外。其结果是，扩大了不被允许的行为范围，缩小了被允许的行为范围。

**实践指南**

1. 律师需要能够明确阐述所有他们依赖的以及他们不赞成的先例。
2. 做一名法律事务代理人的艺术，大部分在于能够提供一种有利于其委托人的先例解释途径。对法律事务代理人而言，学习如何对判决意见作出"宽泛"或者

"限缩"的解释是一项关键技能。熟练的律师能够对任何先例作出宽泛或者限缩的解释。

3. 与宽泛或者限缩解读先例相关的技巧是辨别先例。对于不利于你的委托人的先例，你会倾向挑出来。对于其他的先例，你可能希望能够在法庭上用它来"彻头彻尾"地说服法官，并被遵循。

4. 对法庭而言，否定某一先例而不必直说的有效方法是对其进行极为限缩的解释，或者通过为其限定日后极为有限的适用环境而把它去除。

# 第七章 辩护词策略

第四、五、六章考查了可以作为司法判决意见书形成依据的法律资料,但是光有这些法律资料还不足以写出有说服力的判决意见书。这些资料需要整合成一套有说服力的方案,辩护词策略的意义就在于此。辩护词策略是在判决意见书里证明判决合理性的部分中实现一致性和逻辑性的手段。在对最高法院案件事实进行陈述、对双方当事人对案件的诉讼和反诉要求进行综述、对下级法院的判决进行总结并对诉讼议题进行陈述后,最高法院会就这些议题做出裁决,之后为裁决提供论据支持。本章概述了进行论证时所用的一种通用或整体的辩护词策略以及几种变体。

**三段论和演绎推理**

第六章介绍了三段论。简言之,法律上的三段论包括一条**法规**(前提1)、一组**事实**(前提2)和一个**结论**。所有的司法判决意见书的核心就是三段论或者是一组相关联的三段论。无论法官是原旨主义者还是非原旨主义者,是自由主义者还是保守派,三段论都是辩护的基本手段。例如,在一般情况下,原旨主义者的论证通常会采用以下方式:

前提1:宪法的制定者和批准者对宪法的最初理解是决定宪法含义的唯一根据。

前提2:宪法的制定者和批准者对第二修正案中"井然有序的民兵组织"这个短语的语义意图是……

结论:因此,对私人枪支拥有者进行管理的枪支管制法案是宪法所(不)允许的。

这里用第五章讨论到的一个准则作为第二个例子:

前提1:基于种族对人进行区别对待的政策是违反第十四修正案平等保护条

款的,除非这种区别对待是出于某个令人信服的国家目的并且是实现该目的的必要条件(这是三段论中的法规,或前提1)。

前提2:要求与该城市有业务往来的承包商至少把每个合同30%的美元值转包给少数民族承包商的肯定性行动政策没有令人信服的国家目的。另外,留出的30%的美元值并不构成达到这个国家目的的必要条件(这是一组适用于法规的事实依据)。

结论:这个肯定性行动计划违反了第十四修正案["里士满市诉J. A. 克罗生有限公司案"(Richmond v. J. A. Croson Co. 1989)]。

三段论在逻辑上必须合理有效才能被接受。以下是一个无效的三段论例子。

前提1:如果一个人接受审判,判有盗窃罪,他(她)将会入狱。

前提2:肯特被关进监狱。

结论:因此,肯特犯有盗窃罪。

这展现了一个逻辑谬论,因为这个结论并不一定是由前提推导出来的。肯特有可能是因为其他原因而不是犯盗窃罪而入狱。即使曾经出现过,人们也极少在最高法院的司法判决意见书中见到如此明显的逻辑谬论(还有其他的逻辑谬论,但是对这些谬论的考查将超出本书的范围)。法官用到的三段论的合理性更引起关注。一个三段论也许从逻辑上讲是有效的,但却不合理,因为有一个或多个前提没有证据的支持。考虑一下涉及肯定性行动的三段论。撰写判决意见书的法官必须为第一个前提提供依据。这个依据也许在先例中能够找到,但是如果因为这是法院第一次处理此类问题而没有先例,这个问题就必须以其他材料为依据(例如,第十四修正案的文字表述,宪法制定者的意图或者可能是其他普遍原则)。而对于第二个前提,法官必须为这个前提提供依据。也就是说,法官必须解释为什么他或她断定那个政策只是出于"不令人信服"目的,并且所涉及的手段是"不必要的"。如要了解更为复杂的实践推论示例,请参阅本章的补遗。

**推论、原旨主义和非原旨主义:必然性的错觉**

使用演绎法论证进行的辩护无疑是非常有说服力的工具。但是这种工具可以用来为不同的立场辩护。让我们回到示例中再来看一下涉及向少数民族企业提供转包合同这个示例。不同的法官可能从不同的第一前提(法规)入手,例如十四修正案要求政府做到完全的种族平等。因此基于这一前提,法官也会发现这一政策是违宪的,只是所依赖的论据有所不同。

前提1：第十四修正案不允许政府基于种族分配福利或义务。

前提2：这个政策基于种族分配福利。

结论：这个政策违反了第十四修正案。

法官如何证明前提1合法？一种论证可能是,这个前提是宪法制定者的意图。实际上,在第九章的案例分析中,多数派和持异议者争论的焦点就是第一个前提,每一个法官团体都用不同的证据和不同的方式对其采用的相同证据进行了分析。

因为关于原始意思和先例的证据会有不同的解读,所以当有人对法官为证明其判决而列出的三段论提出质疑时,法官的三段论中的法律前提几乎总是脆弱的。事实前提本身遭到争议和挑战的案例也经常会出现。在第九章里,你又会看到,法官对是否将遭到质疑的政策中的种族百分比描述为"配额"或者仅描述为目标或启动比例存在分歧。简言之,尽管法官可以提供逻辑上有效的司法辩护,但是其辩护可能并不合理。

## 演绎和类推

如上所述,演绎推论具有几种形式。一种形式是类推。这种模式的论证基于以下假设：案件B(法院目前正在审理的案件)的结果之所以合理,是因为案件A(先例)在"决定性"方面与案件B类似,而案件A的结果为X,因此案件B也应该有相同的结果。换言之,如果案件A和案件B在"决定性"方面十分相似,那么案件B就应该按照案件A那样判决。从"相似的案件应该按相似的方法处理"这个准则来看,这是正确的。并且这个准则在公平合理的价值观念方面是具有说服力的(即用不同方式处理相似案件既不公平也不合理)。因此这个演绎三段论如下所示：

前提1：应该以相似的方式对待相似的案例(类似的案例)。

前提2：案件B与案件A相似。

结论：因此,案件B与案件A应以相同方式判决。

在基于类推的推理过程中,确定案件B是否与案件A有足够高的相似度是个困难的步骤。实际上,没有哪件案例与另一件案例在各方面都完全相似。换言之,每个案例都可以与其他案例区别开来。没有哪个案例与另一个案例在每个细节上都准确地相似,我们又一次面对区分案例的技巧(参见第六章)。例如,假定在案例A中,一个蓝眼睛的男人抢劫了一家食品杂货店的三个苹果,之后他被判抢劫罪。在案例B中,一个棕色眼睛的女人抢劫了一家食品杂货店的两根香蕉。从"决定性"方面来看,这两个案例相似吗?案件B中的女人是否也要被判为抢劫罪呢?眼睛的颜色是案件之间的重要区别吗?抢劫犯的性别是案件之间的重要区别吗?一个抢了三个苹果,一个抢了两根香蕉,这是案件之间的重要区别吗?答案可能是否定的。但是如果第一个人是在生命受到其他人威胁而被迫去偷水果的,而第二个人偷水果只是一个恶作剧,又如何呢?这将被视为重大区别。因此可以看到,要想在类比的基础上做出有说服力的论证,就必须通过有说服力的论证说明案例在"决定性"事实方面是类似的,二者是不可区分对待的。例如,必须说明眼睛的颜色在案例区分方面没有重大意义,而动机才有重大意义。

现在让我们看一下最高法院的一个例子。假定最高法院已经采纳了以下规定:一个州针对进口到本州境内的货物颁布了禁令,如果该禁令是一种贸易保护主义措施,则该禁令是无法获得许可的;但如果该禁令是出于地方合理的担忧而发出的,则可以获得许可。依据这一规定,最高法院推翻一个州对进口其他州牛奶的禁令。最高法院宣称,制定该法律的目的是为了保护本州的农民免受外州竞争。然而,最高法院确实支持一个州针对其他州的染病货物实行检疫。现在假设新泽西州正式通过了法律,禁止进口商进口其企图在新泽西州倾倒的固体或液体废物。这条法律是更像无效"牛奶"法律还是更像有效"染病"货物法律?哪一个类比更好?在"费城诉新泽西州案"(Philadelphia v. New Jersey 1978)中,最高法院得出的结论是新泽西州的法律更像违宪的牛奶法。最高法院声称,固体和液体废物不会像染病的肉那样造成同样的直接健康威胁。实际上,新泽西州允许把本州固体和液体废物倒入本州的垃圾填埋场。最高法院总结道,新泽西州法律"显然是努力为外州施加阻力以减缓垃圾流入新泽西州剩余垃圾填埋场的速度"。

最高法院做出的比较是否正确?最高法院宣称倾倒有毒废物与试图销售染病的肉不同是否正确?染病的肉的确引起了当地的关注,但是倾倒有毒的废物是否就不会引发同样的直接健康威胁?健康威胁的直接性是否是区分肉类问题和有毒废物问题的决定性"物质"因素?新泽西州是否真的允许在本州境内处理本州的有毒废物,而对健康问题视而不见?新泽西州是否有其他处理有毒废物的方法可供选择?为什么说最高法院宣称有毒废物问题与牛奶问题事实上更为相似可能是正确的？这是在利用前例时遇到的几类问题。

## 演绎和平衡

### 简介

基础三段论中的前提可能要求法官来评估竞争利益双方的相对"分量"，这引出了"平衡"的辩护。在这种案例中司法裁定通常被称为有条件判决，其结果呈现二中择一的现象，也就是，"如果原因是 X,结果就是 Y;如果原因不是 X,结果就是 Z"。这个三段论看起来有些像这个：

前提 1：如果个人的利益高于政府的利益，我们的判决就会有利于个人；但是如果政府利益高于个人利益，我们的判决就会有利于政府。

前提 2：个人（或政府）的利益更高。

结论：因此我们的判决就会有利于个人（或者政府）。

因为这个三段论包含演绎和平衡，我们就可以把这种形式的论证称为演绎—平衡。但是由于这个短语较为繁复，因此在下文中，我们将其简单称为"平衡"。

用平衡语言表述的判决意见书表面上是客观、公平和公正的，并且看上去也是实事求是的，因为它会顾及利益双方当事人所面对的实际情况。谁能说在法院考虑了所有因素并做出了其认为是对涉案个人和社会最好的判决时,法官的做法是不合理的？最后，在没有前例可供帮助裁决案例时,这种策略尤其实用。也就是说,平衡可以用在没有相关类似前例的案子中,这时法院必须面对史无前例的问题。

### 简单平衡

需要注意的是，有时候策略是"经过伪装的"，这一点很重要。就是说，平衡的概念是通过不同的想法以不同的方法表达的；不能肯定地说一方胜了就一定是它的利益高于另一方。这需要一点实践来判断已给出的辩护是否只是平衡的伪装版本。

让我们看看平衡的真实版本。判决意见书可能以评估政策产生的"损害"开始。政策引起的损害数量和损害程度可以被理解为一个"函数"，也就是原告利益的重要性乘以政策对于原告利益的影响程度。因此该判决意见书将会引出下面两点：

1. 原告的利益。原告可能是个人，例如个人权利案件中的一个案例；但是利益

联邦最高法院的观点

持有者也有可能是政府官员,例如第二章中讨论的在"行政特权案例"中给尼克松总统发传票的美国联邦地方法院["尼克松案"(United States v. Nixon 1974)]。

2. 受到挑战的政策对利益的影响。

接下来此判决意见书可能会谈到政策的"好处";这些好处有可能是政策设法保护的利益的作用以及所选择的方式实际上能够在多大程度上实现这些利益。因此这份判决意见书将探讨:

3. 受到挑战的政策设法实现的利益。

4. 受到挑战的政策实际上在多大程度上实现了这些利益。

最后,此判决意见书可能会就损害是否大于好处而得出结论;以及权衡利弊之后,总体来说这个政策是否符合宪法。最高法院已经在各类案件中使用过平衡,例如,是否可以对参加竞赛性课外活动的学生进行随机药物测试["博塔瓦托米县第92独立学区教委诉厄尔公司案"(Board of Education of Independent School District No. 92 of Pottawatomie County v. Earl 2002)]以及能否强制给予受到犯罪指控者抗精神病药物以便判断被告是否有能力接受严重但非暴力罪名的审判["塞尔诉合众国案"(Sell v. United States 2003)]。

**使用简单平衡的问题**

对于一位判决意见书撰写人来说,为案件中涉及的利害提供准确且精确的比较评估是困难的,因为一般情况下没有常用的可用来做比较的计量单位(比如,损害价值352美元,而利益价值353美元)。这就意味着有时候判决意见书只能依靠具有说服力的华丽词藻来充分描述受到威胁的利益,除此之外别无他法。判决意见书可能仅列举各方所涉及的利益,或者判决意见书撰写人可能通过引用类比尝试间接了解利益的重要性。因此在一个案例中,法官法兰克福特对通过采用非自愿"洗胃"(通过催吐药引起的呕吐)使原告把吞下的胶囊吐出的做法的合宪性提出质疑,他写道,这种刑事侦查手段"过于接近宪法区分所允许的底线"["罗莎诉加利福尼亚州案"(Rochin v. California 1952)]。

利用类推来准确描述利益重要性是一种复杂的方法。众所周知,明喻和暗喻是用来表达直观效果的文学或诗歌手法,不是传达字面上的真实度,而仅仅是传达比喻的意思。"她的歌声如鸟鸣"意思是她唱得非常好听,而不是她发出鸟叫声。洗胃真的是底线吗?再举一个例子,在"怀曼诉詹姆斯案"(Wyman v. James 1971)

中,最高法院研究了宪法是否允许个案工作者在没有搜查证的情况下造访福利受益人的家。通过引用宪法第十四修正案的正文和前例,多数判决意见书强调了家庭隐私的重要性。然而,这个判决意见书也援引了一个类推。最高法院写道,家访类似于美国国内收入署的例行民间审计。家访和审计一样,在行政上是必要的,而且二者都涉及隐私领域。然而,如果根据宪法这些审计是必要的,那么家访也是如此。这个判决意见书的结论就是家访是合理的行政手段;家访出于有效目的,不是对个人隐私的无理侵犯。

但是阅读此判决意见书的机敏读者会问,造访某人的家和查看商业记录真的一样吗?传统上不是一直认为家庭是私人的避风港吗?批评家可能会声称最高法院为其判决提供的论据并不令人信服。

一个州的政策中牵涉的利益有多重要,可以通过查看除这个州之外推行同样政策的州的数量来进行间接评估。如果许多州推行了同样的政策,那么这个利益就是重要的;如果许多州没有采取同样的政策,则说明这个利益不太重要。为了对利益进行评估,判决意见书撰写人需要对传统进行详细考察,尤其是体现在习惯法和其他官方政策中的传统。因此,在"田纳西州诉加纳案"(Tennessee v. Garner 1985)中,在判断警察使用致命武器来阻止逃跑的无武器犯罪嫌疑人是否符合宪法的过程中,最高法院从总体上检视了警方的行动、英国传统习惯法对此类问题的规定、州法律中对此问题看法的当前发展趋势、全国警察政策的当前发展趋势以及警察遵守致命性武器使用限制政策对犯罪率影响的统计数据。

除了面临提供利益精确评估的问题外,判决意见书撰写人还面临如何把问题具体化的难题。(1)个人生活和表达自己想法不受干涉的利益是否与(2)镇压极端政治主张的国家利益存在冲突?或者说这个案例涉及到了(3)个人在鼓吹虚假、误导性、不道德学说的利益与(4)执政者镇压政治异议者以维护其政治基础的利益之间的冲突?或者这个冲突可能应该被描述为1和4之间或者是2和3之间的冲突。因此,法律论据要想具有说服力,它必须运用貌似合理的利益特征描述,看上去捕捉到了纠纷中涉及的关键性的利害关系。

由平衡构成的评论是一种非常灵活且适应性很强的策略,法官可以基于纯粹的个人和主观因素来用它替任何自己喜欢的结论进行辩护。在上面提到的"洗胃"案例中,法官法兰克福特将对"文明行为准则"的调查,用作了其涉案利益评估的一部分。法官布莱克不同意法兰克福特的辩护策略,认为洗胃是违宪的。他质问道:"哪种可以发现行为'原则'的调查途径能够受到如此广泛的欢迎,以至于最高法院应该将它们写进宪法里?"["罗克本诉加利福尼亚州案"(Rocbin v. California 1952)]

**平衡和服从立法机构**

前几节对平衡进行了最简单的描述。你可能会想到,策略可能会呈现出更为复杂的形式。在这个简单模型的一个变体中,判决意见书撰写人可能会宣称,打破平衡这项工作最好留给政府的另一个分支——立法机关的审判机构去解决;于是,撰写人声称他或她将要考查被立法机构打破的平衡,仅是为了确定这个平衡是否合理。即使是判决意见书撰写人已经用不同的方法打破了平衡,但如果平衡是合理的,最高法院也会接受。因此,撰写人总结道,最高法院应该服从政府其他分支的判决。

法官法兰克福特在"丹尼斯诉合众国案"(Dennis v. United States 1951)的共存意见书中用到了这一策略。这个案例涉及一项联邦法,该法律规定故意宣传推翻政府或组织社团宣传推翻政府的行为都是犯罪。原告根据该法律对其所作的定罪提出了反对,依据是这一定罪侵犯了宪法第一修正案赋予他们的言论自由权。法官法兰克福特的判决意见书与裁决一致,支持定罪,称国会对平衡言论自由和国家安全负主要责任,只有在国会的裁决没有合理依据的情况下,最高法院才能驳回国会的裁决。在考查了这些利益之后,法兰克福特的判决意见书总结道,国会已经确定了宣传推翻政府所造成的危险,证明了对言论自由的限制是合理的,最高法院不能因此而在事后非议立法机关[①]。

---

[①] 可以通过两种方式使用平衡。第一,可以在最高法院审判之前用来以简单的方式对案件进行判决,但有一点需要了解,即如果将来发生类似的案件,最高法院将在做出判决的过程中再次平衡这些因素。第二,平衡可被用来达成一个法则或规则,这样,当在将来的案子中使用时,最高法院就不用再进行更深层次的平衡。让我们说明一下两个策略的使用方法。

在"阿格兴格诉哈姆林案"(Argersinger v. Hamlin 1972)中,涉及的问题是被指控有"轻微犯罪行为"的穷人是否有权利获得法庭指派的律师。多数派判决意见书用平衡来证明其结论的合法性,即由于阿格兴格在接受涉及轻微犯罪(即暗藏武器)的审判时,未获得法庭指派的辩护律师,因此他不享受到宪法权利。但是之后判决意见书通过宣布以下裁定做出结论:"除非在审判中有律师代表,否则在没有明确知情的弃权书的情况下,不得以任何罪名(无论是轻微犯罪、轻罪还是重罪),对任何人处以监禁。"而共存意见书虽然同意这个定罪应该被推翻,但仍然认为不应做出这样绝对的裁决,而是在将来的每一个案件中都应使用平衡来决定被告是否应由法院指定一位律师。这个共存意见书以未来案件中应得到权衡的因素的概述作为结尾。

**对于平衡的进一步完善(选读)**

**演绎引出平衡准则**　　一个有争议的演绎导致平衡的例子是最高法院对严格审查准则的演绎①。最高法院称,当政府的政策已经影响了基本权利,或者当政府已经使用了"嫌疑"分类(标准),那么"州做出的严格分类审查……是必要的,以免在不知情或其他情况下,对不同群体或类型的个人做出违反宪法保障的公平平等法律的不公平区别对待"["斯金纳诉俄克拉荷马州"(Skinner v. Oklahoma 1942)]。在采取严格审查准则这个问题上,从一方面说,最高法院忽略了基本利益和嫌疑分类间的联系,从另一方面来说,最高法院忽略了基本利益和严格审查准则间的联系。(注意,最高法院可能已经进行了演绎论证来证明准则选择的合法性)。回到准则本身,如果进行仔细观察,就可以把它看作对平衡的伪装形式的具象化。换言之,考虑到涉案个人利益的重要性,或者分类的不信任本质,这项准则使最高法院卷入了对此法律的前提是否强大到可以证明利益侵犯(强加伤害)的合法性的探讨。也就是说,如"斯金纳案"所说明的那样,在受到威胁的个人利益非常重要的情况下(即基本权利),政府政策仅在其目的的重要性超过可能带来的伤害的情况下才符合宪法。

让我们看看另一个特殊的例子。运用平衡和演绎进行的论证将宪法的许多领域具象化。这种辩护模式最清晰的一个例子是在"纽约州诉费伯案"(New York v. Ferber 1982)中找到的。争论的焦点是纽约法规禁止发布描绘 16 周岁以下的儿童性行为的材料,不论根据最高法院对淫秽的技术定义这种材料是否"淫秽"。判决意见书评估了与生产这类材料相关的代价(对儿童身心健康的影响),儿童色情作品的益处(微不足道),法律在减少此类材料生产方面的效力(即使不是保护儿童的唯一实用方法,禁止传播也是最高效的途径,因为这样能切断这类材料的市场供应)。基于这种平衡,判决意见书总结道,儿童色情文学应置于第一修正案的保护之外。判决意见书继续写道,禁止这类材料的法律要满足某些准则以符合宪法:

1. 法律也许只禁止某些涉及儿童的指定的性行为的图画描写;
2. 术语"性行为"必须得到适当的限制和说明;
3. 禁令无需局限于公然违反禁令或仅为引起好色者兴趣的材料;

---

① 请记住,当使用此准则时,政府必须承担举证责任;如果政府未能完成举证责任,就意味着这条法律将被推翻。政府必须证明,该法律是实现令人信服的目标的必要条件。

4. 争议材料无需进行整体评估。

根据这些准则,最高法院裁定(推定)纽约州法律符合宪法。

**平衡＋平衡**　　运用"平衡＋平衡"辩护策略的判决意见书参与到平衡中,从而生成了一个其调用指定平衡因素的准则。我们在本章前面的内容中已经看到了这样一个判决意见书的例子,即"阿格兴格诉哈姆林案"(Argersinger v. Hamlin 1972)中的共存意见书,其中涉及了辩护律师在对轻微犯罪案件审理中的权利。在"康妮克诉迈尔斯案"(Connick v. Myers 1983)和"皮克林诉教育部案"(Pickering v. Board of Education 1968)中出现了一个问题,那就是当公民成为政府雇员后,是否可以继续享有第一修正案中的言论自由权,对同一政府进行批评。在处理此问题时,最高法院平衡了个人自由发表言论的利益及听取个人非自愿言论的公共利益与政府持续顺利运作中的公共利益之间的关系。通过平衡这些考量,最高法院得出了以下准则:如果雇员针对"公共关注"(最高法院花费了很长时间对这个术语进行定义)的问题如实发表言论,该言论行为仅在权衡以下因素后可能成为施行惩戒措施的依据:(1)言论行为对本人与同事工作关系的影响,(2)言论行为对本人与直接领导工作关系的影响,(3)雇员引起的问题本质的严重性。

**类推,平衡和演绎**　　我们已经看到了如何将平衡和演绎结合成全面的论证。类推还可以与平衡和演绎结合使用。例如,我们可以举一个演绎论证的例子。为了进行论证,必须选择开始前提。可能需要使用类推才能找到前提。用是否睡在公园这个问题来证明无家可归的困境是一种"言论"形式。判决意见书撰写人可能会设法把这种活动与巡行作比较,后者被普遍认为是一种"言论"活动形式。因此问题在于在公园里睡觉与巡行的相似度是否能达到将其称为"言论"活动的程度。如果答案是肯定的,那么公园睡觉案可以用巡行案中用到的准则、条款、学说和原则来裁定。这时可以开始演绎了。

还有一个例子。在一些案例中,对私立宗教学校的政府援助被质疑为违反宪法第一修正案的确立条款,考虑一下在这些案例中使用的某个准则(比如说,确立条款禁止对宗教实行绝大多数形式的政府援助)。准则阐明,援助的主要影响肯定不是推动或抑制宗教发展(第一前提)。因此判决意见书必须解决的问题就是此援助对宗教是否起到了促进或抑制的作用。这就成了三段论的第一前提。为了帮助得出这种援助是否推进还是抑制宗教发展的结论,判决意见书可能会考虑类推法。假设在之前的判决意见书中,最高法院已经得出结论,允许把教科书直接借给私立宗教学校的学生（没有推进宗教发展）。再假设，最高法院认为把挂图借给同样的学生推动了宗教的发展，因此这种行为不被允许。现在，假设法律案件中的援助涉及地图书（地图集）。这是否为不允许的援助形式？对地图集的分类可能涉及对挂图和教科书进行比较。

## 司法分歧

当法官对某个特殊案例的结果持异议时，他们经常会用不同的策略来证明自身立场的合理性。以"潘汉德尔石油公司诉杜亚士案"(Panhandle Oil Co. V. Truax 1928)中的多数判决意见书和异议判决意见书为例。争议的问题是密西西比州的一项法律是否符合宪法，该法律规定汽油经销商每销售一加仑汽油就要缴税一美分，才能获得参与这一业务的特权。一位向美国海岸警卫队和退伍军人医院销售汽油的经销商拒绝纳税，声称对于联邦政府自身来说，这个税是违宪的。法官巴特勒在判决意见书中写道，最高法院中多数派推定此税收是违宪的。巴特勒以纯粹的演绎论证来证明其结论的合法性。而法官霍姆斯持的异议意见书则支持此项税收，其中采用了纯粹的平衡论证。这里对各判决意见书做了粗略总结。

### 法官巴特勒的多数判决意见书

前例规定，州不得通过联邦职能发挥作用的手段进行征税来妨碍或干扰国家权力的运用。此税收指向交易或销售，税收数额取决于购买的数量。这样的话，税收必然会抑制购买量的增长。因此，该税收必然直接延缓、阻碍并妨碍美国政府运营国家和医院的宪法权力。因此该税收违宪；汽油经销商无缴纳该税收的义务。

### 法官霍姆斯为法官布兰代斯和斯通撰写的判决意见

州对于联邦政府干扰的问题是一个合理性和程度的问题。该税收是合理的，因为其仅仅是要求联邦政府为所使用州服务项目支付报酬，正如其他行业或个人必须做的那样。联邦政府本身不会对税收提出申诉。我们从没说过对联邦政府购买的食物和服装征收的销售税是违宪的。只要最高法院开庭，就能决定哪种税是可征收的。从目的上说，此税收是合理的；其对联邦政府只造成了轻微的影响。

## 联邦最高法院的观点

辩护策略的选择并不是多数意见书、异议意见书和协同意见书可能发生分歧的唯一方面。即使使用同样的一般策略（例如演绎），法官也可能因为以不同的前提为依据而出现分歧，而反过来，以不同前提为依据的根源可能是他们选择强调不同的证据来支持他们自己的前提（例如，对所依据前提的分歧），或者在解读同一先例时存在差异。可以在第九章的"社区学校父母诉西雅图第一学区案"（Parents Involved in Community Schools v. Seattle School District No. 1 2007）的辩论和分析中找到后一种分歧的示例。

在"摩尔斯诉弗雷德里克案"（Morse v. Frederick 2007）中，法官之间产生了复杂的三方冲突，致使三方互相攻击彼此的前例和逻辑演绎。在此案例中，五位法官组成的多数派做出判决：学校官员没收一个学生在全校参与的活动中展示的一面写有"BONG HiTS 4 JESUS"（大麻烟斗赛基督）的旗帜的做法没有侵犯宪法第一修正案中赋予该学生的言论自由权。多数意见书派称，这个标语可以合理地解读为宣扬使用毒品（最高法院支持对此学生实行为期八天的停学处分）。参与撰写多数意见书的法官托马斯写了一份独立的共存意见书，其中以原旨主义论证法论证道：

> 如果这个案件是发生在19世纪公立学校刚刚形成的时候，那么学生享受自由言论权是可以理解的，学校应该尊重学生的言论自由，最高法院也应该执行这些权利。
>
> 1. 学校没有尊重学生的言论自由权，法院没有执行这些权利。
> 2. 学校不是供学生"自由辩论或者探索矛盾思想"的地方。"（在）最早的学校里，老师教学生听；老师命令学生服从。"
> 3. 从法律上说，学校与学生的关系适用代行父母职责原则，该原则赋予校方官员对学生言论的控制权。
>
> 因此，第一修正案并未赋予公立学校学生言论自由权。

在法官阿利托与法官肯尼迪（两个法官也加入了多数派）共同撰写的独立共存意见书中，两个法官都对前提3进行了抨击。法官阿利托和肯尼迪写道：

> 公立学校是极其重要的慈善机构，但他们归根结底是州下辖的机构。当

公立学校的校方管理学生的言论时,他们是作为州的代理人;他们不会站在学生父母的角度。家长会简单地把自己的权力委托给公立学校当局是一种危险的假定。

对异议者来说,他们对多数意见书逻辑的有效性进行了抨击。异议者意识到了多数派作为根据的两个前提:(a)在学校背景下,学生享有的宪法权利与成人享有的宪法权利的范围不同;(b)遏制吸毒对于学校的利益而言极其重要。异议者同意这些前提,然而他们得出的结论是,多数派的最终结论"显然是不合逻辑的"。

总的来说,从这两个寻常的命题中得出不同寻常的结论,即学校可以限制学生言论,而不是任何人可以做任何事。

为支持此论断,异议意见书进一步声称,该学生辩解说打出这条标语仅仅是为了上电视,这并未遭到否认,并且没有人能够有充分的理由将这条"愚蠢的标语"解读为毒品宣传。

## 结论

本章得出了两个重要结论。所有最高法院的判决意见书都明显地或隐含地涉及演绎。演绎是最基本的辩护策略。无论法官使用的是原旨主义方法还是非原旨主义方法,是以前例为依据、推翻前例还是辨析前例,都要涉及演绎。并且,正如之前所指出的那样,判决意见书即使用到了类推或是平衡,也还是会用到演绎。

另外,司法判决意见书就像洋葱:它包括许多层论证,这些论证配合起来共同证明各个结论的合法性。要详细查究任何判决意见书,就要求每次揭开一层洋葱,确定每一层中的演绎论证,然后进入下一层,直到最终到达核心的总结论。只有确定了全部的层——理解了每一个层中的论证,并了解了其配合方式,你才会从总体上理解判决意见书。

## 近观演绎：附录

从事法律工作时，法官必须经常从宪法，或裁决、准则，或前例演化出的审查标准中实际上出现的某个惯用语是否涵盖特定事件、行为、政策或事物做出裁决。例如，判决意见书已经设法解决了以下问题：在公园睡觉是否是、或是否可以被归为一种"言论"形式；狗围着行李箱周围闻了闻是否可以被归为"搜查"了那个行李箱；公共雇主提供的工作是否是一种"财产"；特定的出版物是否可被归类为"淫秽"；某项特殊活动是否具有"带有明显现时危险性的即将发生的不法行为"的特点；政府的政策是否应该被认为是"合法的"和（或）"令人信服的"。

这些问题引发了归类或分类问题。一份有说服力的判决意见书必须给出理由，说明其是否施加特定归类或是否对某事物进行分类的原因。

考虑一下这个问题，一个被带入自由州的黑人奴隶是否是"美国公民"，是否有权在联邦法院提起诉讼["德雷德·斯科特诉桑福德案"（Dred Scott v. Sandford 1857］。这个判决意见书运用了严重依赖于"宪法制定者的意图"的方法来获得宪法解释。因此，该判决意见书考察了宪法实施前后英国人和美国人对待黑人的态度；该判决意见书还考查了宪法本身的文本，并给出否定裁决，德雷德·斯科特不是美国公民。看看下面论证中的三段论：

前提1：制宪者的意图决定了宪法的含义。

前提2：制宪者的意图是黑人奴隶不能被认为是美国公民，单个州的行为也不能使黑人奴隶成为美国公民。

前提3：德雷德·斯科特是一名黑人奴隶，他宣称通过在自由州的旅行他已经成了一名美国公民。

前提4：德雷德·斯科特的要求与宪法不符。

结论：德雷德·斯科特不是美国公民，不能提起诉讼。

这里有一个更复杂的例子：在"芒恩诉伊利诺斯州案"（Munn v. Illinois 1877）的辩论中涉及原告提出的一项索赔，称该州的一项法律对私人粮食储藏的仓库收费设定上限是违宪的，原因之一是该法律违反了宪法第十四修正案中关于州未经正当法律程序不得剥夺个人生命、自由或财产的禁令。最高法院支持该项法规，反对此项质疑以及其他对此法规的质疑。中心问题是剥夺一词的含义。判决意见书通过以下方式证明了此判决的合法性：

A. 前提：宪法正文中禁止"剥夺"财产。

证据：这个观点很容易确立，因为仅需要从宪法第十四修正案中直接引用正文。

在这一点上，最高法院面临的问题是"宪法中并未包含对'被剥夺'一词的定义"。因此，最高法院指出，"必须确定在相同或相似关系中使用该词所带来的影响"。（注意，最高法院并没有提供选择此种确定正文含义方法的理由。）因此最高法院确立了其论证的下一个前提。

B. 前提：政府对财产使用进行的监管，甚至是对使用财产的价格进行的监管，并不必然是"剥夺"。

证据1. 一个人要成为社会成员，就必然要放弃一些权利和特权。

证据2. 国家是一个社会契约，通过这个契约，人民同意接受特定法律的管理，以实现公共利益。这意味着人民授权政府通过法律，要求公民在使用其财产时不要造成不必要的互相伤害。

证据3. 自古以来，对各种商业活动的监管就一直是英国法律的惯例，而在美国，自其第一块殖民地建立以来也是如此。1820年，仅仅在采纳宪法第五修正案（其中包含与第十四修正案相同的法定诉讼程序条款）后数十年，国会通过了私营码头收费率管理法，后又于1848年通过了马车夫和其他类似行业运输费监管法（注：此论证法假定此前提为，在解读宪法方面，"宪法制定者的原始意图"才是正文含义的最佳证据）。

C. 前提：当一个人将财产用于涉及公共利益领域时，必须接受公共监管。

证据：作为财产权源头的普通法承认"对公共利益有影响的"财产需要接受公共监管。用于涉及公共利益领域的财产会对公共利益造成影响。

D. 前提：公共粮食仓库"对公共利益有影响"。

证据：如果过去规定的车夫、码头管理员和其他行业对公共利益有影响，那么仓库也会对公共利益有影响。我们必须假定，"如果可以证明此类立法的正当性的事实状态可能存在，那么当目前正在考虑中的法规通过后，它事实上就会存在……就立法权范围内立法干预的合宜性而言，立法机构是唯一的评判者"。

结论：可以在不违反宪法的情况下对公共粮食仓库进行监管。

在判决意见书的结尾，法院承认监管权可能被滥用了，但是"要防止立法机关滥用职权，民众必须诉诸投票表决，而不是去法院上诉"。["芒恩诉伊利诺伊州案"（Munn v. Illinois 1877）]。

现在回顾最高法院的论证并记录最高法院构建论证时所用的材料：原文、政治哲学、传统实践、类推以及尊重立法机构的原则。

## 实践指南

1. 你可以用以下方法来反驳三段论。

a. 证明法律前提理由不充分，用来支持前提的法律材料不充分或不合适，给出的结论无法由前提自然推导出来，或者从这些前提可以演绎出不同的结论。

b. 证明前提太狭隘或太宽泛。

c. 论证事实前提无法获得证据支持。

d. 提出优于反对论证中的前提的其他或替代性法律前提。

2. 应用先例中确立准则或原则的判决意见书以作为第一前提的准则或原则的三段论作为依据。判决意见书有可能还会更复杂，例如使用一个三段论得出一个新的准则或原则，并以第一个三段论中的结论为前提做出第二个三段论。

3. 在阅读法官用模仿日常对话的方式书写而不是用形式证明法书写的判决意见书时需要格外注意。你会看到判决意见书中写满了"旁白"、题外话、凌乱的前提以及联系错综复杂而未得到清晰陈述的三段论。

4. 如果抗辩律师基于类推进行论证，你可以通过指出两个案件中会造成类推不合理或有误导性的重要区别来反驳论证。

5. 当以平衡为依据来进行论证时，统计论据可能非常有用。

# 第三部分

　　第四章至第七章将司法意见书的书写分成了几部分来详细阐述。第四章的主题是形成宪法意见书或论据所使用的材料,因此我们研究了宪法条文、原始意图、传统以及不言而喻的假设的使用,第五章考查了准则或复审标准,第六章考查了遵循先例的原则以及详尽阐述判例的判决理由的问题,最后,第七章回顾了辩护策略,具体来说,有类比、对比、演绎以及对比和演绎相结合。了解一份判决意见书的各个组成部分以后,现在我们必须看看两份完整的判决意见书,了解所有这些元素组合在一起的情况。因此,在第八章里,我们会看到一个案例中的多数意见,共存意见和异议意见,并提供一个该案例意见书的摘要。概述一份判决意见书不可避免地算是一种解释行为,也就是说,不同的人会因各种可能对同一案例有不同的概述。支持其中某一观点的人一定会努力以支持他或她自己法律立场的方式来概述该判决意见书。另外,理解一份判决意见书不仅需要能概述它,还要回答各种关于该判决意见书的问题。第九章更进一步引导我们了解概述和分析意见书的技巧。

# 第八章　最高法院判决意见书案例简述

本章一开始介绍了"格里斯沃尔德诉康涅狄格州案"(Griswold v. Connecticut 1965)的事实概要。接下来的两节首先详细解释了多数意见书,随后描述了其他共存和异议意见书。最后以简要介绍判决意见书的技巧结尾。本章重点介绍这个古老的判决,一方面是因为它阐明了上述章节中的许多要点,另一方面是因为在最高法院的近代历史中,格里斯沃尔德案代表了其中一个最重要的案例链的源头——这个案例链处理个人生活隐私问题,其中包括妇女通过堕胎终止妊娠的权利和同性进行性行为的权利。

## 事实

康涅狄格州法律禁止任何人使用药物、医学用品或器具作为避孕之用,否则需承担罪行。本案中的上诉人——康涅狄格州计划生育协会的执行主任格里斯沃尔德和执照医生巴克斯顿,被逮捕,指控,宣判罪行并处以 100 美金的罚款,因为他们触犯了康涅狄格州的另一个法规,即不能协助或教唆他人犯罪。具体地说,他们因向已婚人士提供关于人为避孕的信息、指导和医学建议而获罪。因此,他们向康涅狄格州最高法院提出上诉,声称依据美国宪法第十四修正案,禁止避孕的法律是违反宪法规定的。康涅狄格州最高法院维持原判,上诉人继续向美国最高法院进行上诉。

道格拉斯大法官拟写了多数意见书,得到了首席大法官沃伦,布伦南大法官,克拉克大法官和戈德堡大法官的一致同意。戈德堡大法官起草了共存意见书,首席大法官沃伦和布伦南大法官也参与其中。哈伦大法官和怀特大法官只对判决表示无异议,并拟写了单独的共存意见。布莱克大法官和斯图尔特大法官各自拟写了异议意见,并得到对方的赞同。

联邦最高法院的观点

## 多数意见书

多数意见书的完整正文几乎全被转载在如下左边一列中。粗体罗马数字并未出现在原版的判决意见书中,而是后期添加,以方便将右边一列的注释与多数意见书中相对应的部分联系起来。

| 多数意见书 | 注释 |
|---|---|
| 【Ⅰ】我们认为,上诉人有权提出与其有工作关系的已婚人士的宪法权利……然而,除非夫妻的权利被认定为涉及有关此类保密关系的诉讼,否则这里强调的夫妻权利可能会变淡或者受到负面影响。 | 【Ⅰ】联邦法院只能处理在其管辖权范围内的冲突。宪法第三条中规定的管辖要求指出,冲突需涉及"案件"或"争议"。这些专业术语实际上有诸多要件限制。其中一个要件是,提出诉讼的一方在争议中需承担充分的"责任"。并不是任何人都可以提出宪法诉讼。如果某位公民只是自己认为一些政策是不符合宪法规定的,那么她没有原告资格①(充分的责任)提出诉讼来质疑政策。若要提出诉讼,诉讼人需经历过一些实际或威胁性的伤害,并且能够通过其伤害追溯到政府行为中。因此,公民只能上诉以保护自己的宪法权利,而非其他人的权利。然而,在本案中,法院允许格里斯沃尔德和巴克斯顿为其帮助的已婚夫妇的宪法权利寻求司法保护。 |

---

① "原告资格"是一个复杂的专业要件,不能在此文本中得到充分的解释说明。它重点关注谁可以上庭的问题。其他密切相关的学说则关注上诉法庭的问题是否可以在庭上解决(政治问题原则),以及向法庭上诉此案件的时机是否合适(时机成熟)。

130

【Ⅱ】谈到法律依据,我们面临的一系列问题,都涉及宪法第十四修正案中的正当程序条款。其中某些论据的言外之意是,"洛克纳诉纽约案"(Lochner v. New York,引自 198 U. S. 45)应成为我们的案例指导。但我们婉拒了这样的做法,……在"威廉森诉李氏眼镜店案"(Williamson v. Lee Optical Co. 引自 348 U. S. 483)中我们也未采用这种做法。我们并非凌驾于立法机构之上来决定触及经济问题、商业事务或者社会条件的明智的、符合需要的并且合理的法律。然而,此法对夫妻的亲密关系以及在此关系的另一方面中医生的角色直接生效。

【Ⅱ】在得出格里斯沃尔德和巴克斯顿可能会针对州是否可以侵犯已婚夫妻权利提出质疑的结论之后,法院把注意力集中到了该质疑上。上诉人的论据中涉及的宪法修正案是宪法第十四修正案中的正当程序条款。具体地说,判决意见书中指出,已提出的论据表明法院应按第十四修正案审判"洛克纳案"的方式处理这个案件。在"洛克纳案"中,法院广泛地解释了自由的概念,包括合同中的自由权利以及强烈保护权利不受政府规定的限制。然而,这一决议推翻了另一项法律,该法律禁止面包房要求员工每个工作日的工作时间超过十个小时。这个代表了司法激进主义和非原旨主义的决议,作为保守的法院用其偏爱的经济哲学解读宪法的范例,已经受到了严厉的批评,因为它阻挠了立法中多数人认定的合理可论证的规定。道格拉斯在此宣布,他不会继续犯这类错误——在本案中,法院不会因其个人的政策偏好来解读宪法。他还提到了一个更现代的案例——"李氏眼镜店案",该案例表明法院在处理针对商业规定的宪法性质疑过程中,采取了更为严谨、更保守的方式。但他随后直截了当地指出,本案并不涉及商业规定,并且表明,个人权利比商业经营权更重要,也更值得受到保护。

【Ⅲ】宪法和权利法案中都未曾提及人权协会。父母有权选择子女受教育的学校——公立、私立或教区学校，这项权利也未曾提及；更不用说任意选择特定课程或外语的权利。但是，宪法第一修正案已做出解释并包含这些权利。

【Ⅲ】没有任何过渡，判决意见书现在开始探讨宪法没有明确处理已婚夫妻的权利这一事实。道格拉斯开始构建论据，即宪法可能并且应当给出解释，以体现与本案有关的权利。因此，他的第一步是告诉我们，法院在过去就已查明一些宪法中没有明确说明的权利，这些权利在如今看来都是理所当然的，例如父母有权选择子女接受何种学校的教育。这个信息表明，若法院扩展其将要在判决意见书中宣布的权利，它不会再重复论证。

【Ⅳ】通过在此之前的"皮尔斯诉姐妹会案"（Pierce v. Society of Sisters），自主选择子女受教育的权利已由宪法第一和第十四修正案的推行惠及全国。在"迈耶诉内布拉斯加州案"（Meyer v. Nebraska）中……同样赋予其在私立学校学习德语的权利。换言之，根据宪法第一修正案的精神，国家不能够缩减现有知识的供给。言论和出版自由的权利不仅包括说话和印刷的权利，而且包括传播权、求知权、阅读权["马丁诉斯特拉瑟斯案"（Martin v. Struthers 引自 319 U. S. 141，143）]以及研究自由、思想自由和教学自由……实际包括大学这一社团的全部自由（案例出处省略）。没有这些外围的权利，具体的权利也岌岌可危。所以我们在此重申皮尔

【Ⅳ】在多数情况下，很多学者会将这些论述称为草率的司法文书。第一，它以一种非常广泛的方式解释先例，例如，对皮尔斯案的评论。这个案件推翻了一项法律，这项法律规定，在私立学校上学是违法的。法院明确表示，关于这些私立学校是否能够得到合理监管，不会在此案中处理。因此，据道格拉斯法官所说，这个案件建立的原则，即父母有权按其选择的教育方式教育子女，是不准确的。第二，法院当初并未依据宪法第一修正案的言论自由案例判决皮尔斯案和迈耶案，尽管现在道格拉斯法官也会更偏向以这样的方式解读案件。第三，在这些案件中强调的权利，例如结社权利，都是真正的"外围权

斯案和迈耶案的原则。在"美国有色人种协进会诉亚拉巴马州案"（NAACP v. Alabama 引自 375 U.S. 449, 462）中，我们保护"结社自由以及在自己社团中的隐私权"，并指出结社自由是宪法第一修正案保障的"外围权利"。我们认为，公开符合宪法的协会成员名单是违法的，因为"这可能会对申请者行使他们的结社自由权的行为造成实质性的限制"（同上）。

【V】换句话说，第一修正案有一个"边缘地带"，在其中个人隐私免受政府的侵犯。在类似情况下，我们保护了以下形式的"社团"，即它并不是传统意义上政治性的，而是属于那种涉及成员的社会、法律和经济利益的社团。在"施尔威诉律师委员会案"（Schware v. Board of Bar Examiners 引自 353 U.S. 232）中，我们认为，不能因为他曾经是共产主义政党中的一员，就禁止其从事法律事业。

【Ⅵ】这些案例的范围已超出"集会权"——一种与人们的种族和意识形态完全无关的权利……"结社"权类似于信仰的权利……其范围远不止参加集会；它还包括表达个人态度和人生观的权利，这些权利的实现需要借助于团体成员的身份、

利"，并被认为能够使言论自由的具体权利得到更好的保障；而其他诸如皮尔斯案和迈耶案处理的权利问题，其主要功能并不是支持和保护言论自由权。

【V】这个概述完成了两件事。第一，它介绍了"边缘地带"的概念或象征含义。很显然，这只是讨论"外围权利"的另一种方式。第二，道格拉斯法官特别指出，与第一修正案有关系的结社权利不需要特指政治结社权利。因此，他扩大了思考范围，甚至考虑到受未言明的结社权利保护的婚姻关系。他在判决意见书的第九部分详细解释了这个观点。如果他就此结束，这个案子看起来就像是涉及第一修正案，而不是第十四修正案。

【Ⅵ】目前道格拉斯大法官坚持其第一修正案的解决方式，并指出隐含的结社权是一种复杂的权利，需要的不仅仅是能够聚集在一起开会的权利。它还是一种表达意见的方式。但他的重点是，法院认可这些隐含的结社权以确

从属的团体或者通过其他法律手段。在那种情况下，结社是表达意见的一种形式；尽管它并未明确地被包括在第一修正案中，但是它的存在对完全有意义地表达自由来说是必不可少的。

【Ⅶ】上述案例意味着，具体保障在权利法案有"边缘地带"，它们是由这些为其提供生机和活力的具体保障扩散而形成的……各种各样的保障创建了隐私区。正如我们所看到的，第一修正案的"边缘地带"中的结社权就是其中一例。第三修正案的保障体现了隐私的另一方面，它规定：未经得主人允许，禁止和平时期在"任何居民家"中驻扎军队。第四修正案明确规定："人民具有保障人身、住所、文件与财产的安全，不受无理搜查与扣押的权利。"第五修正案在其不得自证其罪的条款中为公民创建了一个隐私区，在这个隐私区中，政府不能强迫公民做不利于自己的事。第九修正案规定："宪法列举的特定权利不应被理解成可以否认或轻视人们拥有的其他权利。"

保具体列出的权利更有意义。法院通过认可这些附加的隐含权利，来明确地支持受到保护的权利。在本案中，我们已有道格拉斯大法官的理论依据与宪法中的明文规定相抗衡。

【Ⅶ】在前面的几小节中，道格拉斯大法官谈到了"外围权利"和"边缘地带"；他的言下之意是，"边缘地带"中形成的权利和"外围权利"是一样的。本节中的第一句话似乎支持了这一观点。但其实剩余的部分并不亦然。也就是说，道格拉斯大法官继续表明，第一、第三、第四和第五修正案创建了多个隐私区。而这些隐私区似乎合并成了一个单独的隐私区，即独特的和与众不同的权利。这个与众不同的权利并不是由道格拉斯大法官定义的，也不是由他声称其行使方式与"外围权利"一样受到保护，例如有权禁止在和平时期于公民住宅中驻扎军队。此时似乎真实发生的是，道格拉斯大法官认为，存在一个能够赋予每条修正案的条例以活力的隐私观，而他只是发现了这个观念下的深层意图(需要特别指出的是，他并未定义隐私的概念)。关于第九修正案，道格拉斯大法官并未作更多解释，仅仅是引用了其中的条例。在这之后，他还提出了另一个发现宪法中隐含权利的方

第八章　最高法院判决意见书案例简述

式,这个方式可以在第九节中查找。①

【Ⅷ】在"博伊德诉合众国案"(Boyd v. United States 引自 116 U. S. 616,630)中,第四和第五修正案被描述成是反对政府对"人们的神圣居所和生活隐私"的任何侵犯的有力保护。我们最近指出……第四修正案创建了"一个隐私权,在重要性上毫不逊色于为人们精心刻意设定的其他权利"……对这些涉及"隐私与安宁"的边缘地带权利,我们还存有许多争议(案例出处省略)。这些案例证明,此处要求获得认可的隐私权是正当的。

【Ⅷ】继在宪法中发现隐私权之后,道格拉斯大法官如今又迈出了重要一步。他告诉我们,这个权利比其他任何权利都更为重要。在将此权利的重要性提升至与言论自由权同样重要的举动上看,这是一个重要的内容。同时这也表明,这个权利比雇主有按其意志经营商务的自由更为重要。此外,道格拉斯大法官引用的案例,不仅暗示法院过去曾经保护个人隐私,而且表明隐私权涉及多方面——它的适用范围上至强制绝育手术案例,下至被强迫的听众案例。

【Ⅸ】因此,目前的案例涉及存在于隐私区的一个关系,这个隐私区是由几个基本的宪法保障创建的。它涉及这样一个法律:它不去规定避孕药具的生产和销售,而是从根本上禁止使用,通过对这种关系施以最大的破坏性影响的方式来达到它的目的。

【Ⅸ】现在道格拉斯大法官将他对于隐私权的一般讨论与本案联系起来。他使用"关系"一词,表明他不单单保护家庭、两性隐私免受警方的监视,而且正如在第二节中提及的一点,他将此案视为保护夫妻关系的重要一步。他还指出,康涅狄格州的法律禁止使用避孕药具会对"夫妻关系产生最大的破坏性影响"。这一点与其在之前第六节中提到的一点都告诉我们,他认为康涅狄格

---

① 这种新的权利基于构成权利法案一部分的修正案,但是重组的条例只是用来限制联邦政府。但这也是事实,法院已经诠释了第十四修正案,重新构成了权利法案的重要组成部分;正因为第十四修正案是全国适用的,那么权利法案中的重组部分也是全国适用的。例如,详情参见"邓肯诉路易斯安那州案"(Duncan v. Louisiana 1968)。

135

州正在通过对基本权利采用毁灭性的方式达到目的。

【Ⅹ】根据法院经常使用的人所共知原则,即"政府控制或禁止在宪法上属于州管辖的行为时,其手段涉及的范围不能太过广泛,以免侵犯了受到保护的自由领域",这样的法律是经不住审查的。

【Ⅹ】通过进行严格检验或标准审查,法院给予基本权利强大的保护。这正是道格拉斯大法官所做的。他宣布了一个严格审查检验的版本:除非康涅狄格州通过对受保护的权利进行最少的可能性伤害来达成目标,否则康涅狄格州的法律不会通过司法审查。

【Ⅺ】仅因证据显示有使用避孕药具之疑,我们就应该允许警察搜查夫妻卧室这样神圣的领地吗?正确的做法是消除这种对夫妻关系的隐私打主意的想法。

【Ⅺ】道格拉斯大法官没有直截了当地告诉我们,该法律试图通过"涉及范围较广"来达到这样的目的,即过多地侵犯了已婚夫妻的权利。他甚至想象出了警察闯进卧室搜查避孕套、子宫帽、杀精药和避孕药的画面。需要注意的是,在尚未讨论出此法的目的时,道格拉斯法官就已得出结论。很显然,对道格拉斯大法官来说,目的并不重要;无论它的目的是从本质上禁止避孕药具的使用,还是试图阻止非法性交,在道格拉斯大法官看来,都存在其他可以使用的方法(比如禁止避孕药具的生产),并且不会侵犯隐私权。

【Ⅻ】我们此处涉及的隐私权的产生要早于权利法案——它也早于我们的政党以及教育制度。不论好坏,婚姻是个着

【Ⅻ】结尾部分代表道格拉斯大法官做了多种解释。他告诉我们,案件中涉及的权利并不是他创造的。同时,他还间

眼于未来的结合,它力求永恒并接近于一种神圣的程度。这种结合方式是为了提升生活方式,而不是引起生活纠纷;是一种生活上的默契,而不是政治信仰;是一种相互的忠诚,而不是商业或社会项目。这还是一个力求达到与我们之前的决定涉及的同样高尚的目标的结合方式。

接引用了第九修正案,来支持其关于承认权利的合法化的论断。据第九修正案规定,宪法不保护此文中列举出来的权利。并且,他再一次向其读者保证,此处受到保护的权利非常重要,而且值得强有力的司法保护。

现在我们要反过来查看判决意见书的一些细节,以对道格拉斯大法官的论点有个整体理解。让我们首先看看他强调的一些议题。在本案中,法官需要处理的基本议题包括如下几点:

1. 格里斯沃尔德和巴克斯顿是否有原告资格,可以针对此法是否侵犯了已婚夫妻的宪法权利的问题提出上诉?

2. 宪法中是否存在关于保护已婚夫妻使用避孕药具的决定的隐含权利?如果存在,这个权利是否是基本权利,需要受到严格审判检验的保护?或者这不是基本权利,仅仅受到合理的基础检验的保护?

3. 康涅狄格州法是否能够通过相关检验?

如果重新查看判决意见书,你会发现,道格拉斯大法官对每个问题都作出了相应的回答。这些回答被称为判决意见书中的"**裁决**"。制定这些裁决的一种方法如下:

1. 若第三方的权利严重受到法院审判的影响——无论审判最终的结果是什么,这个常规法的例外将会被放宽,即诉讼当事人必须坚定地维护他或她的合法权利,并且坚决不放弃对第三方合法权利的申诉。

2. 宪法保护普遍的和基本的隐私权,其中包括已婚夫妻决定使用避孕药具的权利。

3. 康涅狄格州法禁止已婚夫妻使用避孕药具的做法没有通过严格的审查检验,因为这种试图禁止婚外不正当关系的方式毫无疑问地侵犯了夫妻亲密关系。

需要注意的是,为作出这些裁决,判决意见书不能依赖对宪法条文的仔细分析,不能依赖对宪法制定者本意的讨论,也不能依赖对传统需求或当代伦理道德的讨论。道格拉斯大法官确实引用了先例,但很显然,他引用的先例并不包括对每个案例事实的仔细分析,或者每个案例的详细的法律原则的发展。相反地,他引用先例去证明其查找宪法中新权利的普遍方法,来支持他认为权利非常重要的论断以及支持其对严格的审查检验版本的选择。

道格拉斯大法官在引用先例的同时,还结合使用了正当理由的混合型战略。战略的第一部分是大致基于先例的推演,它可以分为以下几部分:

1. 假设:在以下情况下可允许法院宣布"新"的宪法权利:(1)权利是"外围权利",需要支持宪法中明文规定的权利;(2)"新"的权利是一个更为普遍性的权利,它可以使得宪法中具体权利的文书规定变得更有活力。①

2. 假设:由于对隐私权的普遍关注,宪法第三、第四和第十五修正案被赋予新的活力。

3. 结论:应在宪法上对公民给予"隐私"的权利。

道格拉斯大法官并没有十分清晰地定义这个新的隐私普遍性权利的性质和范围,他支持本案的结论,即权利十分重要,它值得受到严格的审查检验的保护。下面是一段隐含的三段论法的解释:

1. 假设:先例中已表明,第四修正案的权利和宪法中规定的其他权利一样重要,即与言论自由的权利一样重要(详见第8节)。

2. 假设:如果宪法条文中提到的具体权利是基本权利,那么赋予其活力的原属权利也是基本权利(隐含的未声明的假设)。

3. 结论:赋予第三、第四和第五修正案活力的广泛隐私权是一项基本权利,因此其结论(基于先例)受到严格的审查检验的保护(详见第9和第10节)。

达格拉斯大法官总结时称,婚姻关系属于基本隐私权的范畴;根据第10节中提到的检验,他会继续审查康涅狄格州法。其判决意见书中,在这一点上,与正当理由的战略是保持一致的,因为这正是他应用的检验或审查标准所呼吁的。一方面,道格拉斯大法官会审查康涅狄格州法中规定的权利侵犯程度;另一方面,他会审查康涅狄格州以此方式达到其目的必要性。他发现,法律对婚姻关系产生了最大的破坏性影响(详见第9节)。他还言语晦涩地暗示,不管康涅狄格州法有何种目的,都存在其他破坏性不强的方式来达到这些目的(详见第11节)。

---

① 需要记住的是,道格拉斯大法官还提到了第九修正案和隐私权早于权利法案的事实(详见第7和第12节)。因此,他在判决意见书中还有另一个尚未完全开发的,作为隐私权基础的技巧。

多数判决意见书中还有其他一些方面值得评论,但是判决还得益于共存和异议意见书中的其他信息,现在我们来看看这些意见书。

## 共存和异议意见书

接下来提到的共存意见书是由同意多数意见书最终判决的多名法官拟写的。但是,他们因其他一些可能性因素,各自拟写了自己的意见。有时法官会给出完全不同的原因,说明其同意最终判决的理由;法官还会对裁决添加自己的同意理由,这些理由并不是依赖于多数意见。在其他案例中,法官会通过强调他或她对某些歧义的最佳解释,来解决多数意见书中的歧义;或者法官可能仅仅想要强调多数意见书中的一点。

在本案中,戈德堡法官起草了一份判决意见书,提供了与判决有稍许不同的理由,这些理由能与多数意见书相互兼容。他的观点遵循了多数意见书的整体框架,但关于框架中的一些重点,他给出了不同论据。

| 多数意见书 | 戈德堡法官 |
| --- | --- |
| 在紧要关头存在宪法权利吗?存在。详见第3—7节。 | 戈德堡法官引用了第九修正案,认为其证明了宪法条文中没有详细说明的权利内容。他接着断言说,如果我们能依靠传统惯例或者公民的集体意志,我们终会获得基本的隐私权。 |
| 婚姻关系涵盖在此权利中吗?是的。详见第9节。 | "此处涉及的康涅狄格州的条例,需要处理一个尤为重要和敏感的隐私区——关于婚姻关系和住宅的隐私。" |
| 这个权利是否是基本权利,需要我们进行严格的审查检验?是的。详见第10节。 | "整个宪法结构和强调具体保障条例的目的表明,婚姻隐私权以及结婚和抚养 |

联邦最高法院的观点

家庭的权利和受到特别保护的基本权利一样,有同样的法律规定和同等的重要性。"他接着采用了严格的审查检验:当个人自由受到严重侵犯时,"只有对群众关注的重心表现少有的兴趣,国家才有可能获胜……法律必须表现出'必要的,但不仅仅是与已通过的国家政策有理性关联的'特质"。

通过应用这个检验,我们认为此法是应该得到支持还是推翻?推翻。详见第11节。

戈德堡法官指出,国家曾说过其法律条例是用来协助禁止已婚夫妻陷入婚外关系的,在这之后,他写道:"区别于禁止避孕,对于使用避孕药具预防疾病的理由,其合理性还是模糊不清的,尤其当它已被康涅狄格州所有公民(不管是已婚的还是未婚的)广泛接受的情况下……很显然,保护婚姻忠诚的国家重心可以受到更为精心制定的条例维护,这与现在涵盖不必要的广泛领域的法律有很大的不同。"

除了针对本案给出自己些许不同的看法之外,戈德堡法官还回应了持异议者的核心批评。你可以想象这些持异议者"直击要害"提出问题,而且针对本案给出了完全不同的看法。在这个案件中,异议者十分激烈地反对多数人的意志,不赞成保护宪法条文中没有具体明确说明需要受到保护的权利。我们很快就理解了他们的论点。让我们先看看戈德堡法官对多数人意志的辩护,这些人既不忠于字面文本的意思,也不忠于宪法制定者意图的字面和狭义解读。

异议者的逻辑可能会批准在我看来显然比眼前的这一法律条例更不符合宪法规定的联邦或州立法。当然,政府没有表现出强迫服从国家利益的要求,

140

不能要求所有的夫妻在生育两个孩子之后必须绝育。然而，在这些人看来，这种侵犯婚姻隐私的条例并不属于对宪法的挑战，因为这是"愚蠢的"，宪法中没有任何一项条例明确禁止政府剥夺生育和抚养家庭的权利……如果缺乏稳固的合理性基础，法律规定已婚夫妻需自愿避孕是合法，再由同样的道理，法律要求已婚夫妻强制避孕也可看作是合法的。["格里斯沃尔德诉康涅狄格州案"(Griswold v. Connecticut 1965，第497页)]

你可以自己分析这一段。这一段被引用在这里说明了一点，在解读高级法院判决意见书时，你应该识别出这些意见通常都是庭上对话的一部分，各法官之间相互攻击，轮流作答。仔细分析这些论点和相应论点，有助于你在以后更长的道路上更好地理解法官胶着争论的所有判决意见和基本议题。

若要回应隐私是否受到宪法保护的议题，法官必须解决用合适的理念解读宪法的问题。例如，应该运用原旨主义还是非原旨主义？这是戈德堡法官在最后的引用中提到的深层问题。也正是解读宪法的理念问题，引发了抱有异议的法官的强烈关注。

布莱克法官极为简洁地总结了他的立场，他写道："我和其他人一样希望有自己的隐私，除非具体的宪法条例明确禁止，否则我仍需被迫承认政府有侵犯隐私的权利。"为什么他坚持认为只有宪法中具体提到的权利才会受到法院的保护？布莱克法官在其意见书中到处都是对于这个问题的回答。意见书第512页，他指出，做大多数人都同意的事可以使得法官用自己的理念解读宪法。意见书第513页，大多数人最终都会参与"制定"法律，这个权力连法院都不具备。随后在意见书521页，他认为法院不是一个监管机构，若法院要解读宪法的新权利，则需要转移权力给法院，这违背了三权分立的原则。意见书第522页，他补充说，如果宪法需要保持实时更新，可以采取一个有效方法——利用修正案审议。"这种改进方式对于我们的祖先来说是最佳的，虽然我必须承认这或多或少有点过时，但对我来说已经足够好了。"

我们需要从中获得的经验是，判决意见书中的部分内容实际上与其在前或在后的，甚至是在脚注中出现的内容息息相关。宪法判决意见书的读者面临重新构建判决意见书的任务，可以说是以新的方式分解组合，并赋予其完整的理解意义。

## 判决意见书书写的动力机制

通常我们可以想到的是,法官的意见就是最终发布的判决意见。但是在"格里斯沃尔德案"中,我们可以看到道格拉斯大法官拟写的判决意见书的原稿。伯纳德·施瓦茨教授已经公布了这个原稿(以及沃伦法院和伯格法院的其他判决意见书原稿),并且联系了他能找到的法官,公布了他们在一部分内部书函和备忘录基础上的注释。[①] 我们从中了解到,在判决意见书的原稿中,道格拉斯大法官只谈到第一修正案中保护了夫妻关系的结社权。布伦南法官对这个处理方式很不满意,他回复道格拉斯大法官时写道,已婚夫妻的"结合关系"和第一修正案保护的支持"结社"的情况并不相同。施瓦茨教授还指出,"布伦南法官曾警告说,道格拉斯原稿中的无偏见大范围处理方式可能会导致第一修正案的保护范围覆盖到共产主义政党,仅仅因为它曾是一个组织,道格拉斯法官曾拒绝以这样的处理方式解决十年前的一个案件"(意见书第 237—238 页)。接着布伦南法官建议道格拉斯大法官利用法院对结社自由权的判决类比对隐私权的判决,证明隐私权的形成发展。当然,道格拉斯大法官也是这么做的。最终,布伦南法官也对他表示赞同,并且没有拟出单独的共存意见。

判决意见书的终稿还添加了一些其他的特别内容,以获得其他法官的支持。判决意见书的原稿中没有提到第九修正案,但在终稿中插入了部分基于第九修正案的论据。或许是添加的新内容协助其获得了戈德堡法官的赞同。然而,判决意见书原稿中提到的警察搜遍房间寻找"使用避孕药具的隐秘迹象",让人担心不已。道格拉斯大法官很可能利用这种具象化的描述,结合"涉及范围太广"的结论,以期获得哈伦法官的赞同。哈伦法官也曾在其早期的避孕案件中提出异议时,引用了类似的具象化描述。

各法官非常乐意用幽默的方式在一起工作。怀特法官在忙于多数意见书时,给道格拉斯法官发送了以下备忘录:

---

[①] Bernard Schwartz, *The Unpublished Opinions of the Warren Court* (New York: Oxford University Press, 1985), and *The Unpublished Opinions of the Burger Court* (New York: Oxford University Press, 1988).

以下任一证词都能得到完整的证明解释,你[同意]吗?

1. 第四修正案——因为康涅狄格州法将会批准对子宫内节育环的搜索。

2. 埃斯科韦多和咨询权——来自医生。

3. 鲁滨逊诉加利福尼亚州案——由于证据显示涉及性成瘾,因此剥夺其性行为的惩罚,或仅以生育小孩作为代价是残忍的,也是不符常规的。一个灰熊[原文如此]的选择。

4. 雷诺兹诉西姆斯案——一个成人,一个孩子。①

## "格里斯沃尔德案"概述

现在回头看看第一章的结尾小节,在这一节中综述了高级法院判决意见书的基本特点。你现在应该能够识别出格里斯沃尔德诉康涅狄格州案的事实;其程序上的发展史;合法要求;多数意见书的议题、判决和推论;以及最终裁决。实际上,现在你应该能够写出关于此判决意见书的"概述"(即依据事实、程序发展史等基础上的判决意见书摘要)。下面是试图以保持"中立"的方式书写概述的范例(即概述的目的是为了将案例中深层含义的观点缩减为最简单的表达方式)。

1. 案件名称

"格里斯沃尔德诉康涅狄格州案"[Griswold v. Connecticut 381 U. S. 479 (1965)]。

2. 事实陈述

康涅狄格州法判定使用"任何药物或医学药具避孕"是有罪的。计划生育诊所的负责人格里斯沃尔德夫人和主任医师盖·李·巴克斯顿因向客户提供计划生育药物和避孕用具,协助或教唆他人完成避孕行为而被判有罪并每人判处罚款100美元。他们上诉到最高法院,声称不仅其第十四修正案规定的权利受到侵犯,而且他们坚持认为其客户——那对已婚夫妻的第十四修正案规定的权利也受到了侵犯。

3. 程序上的发展史和下级法院的判决

定罪之后,上诉人向康涅狄格州巡回法院的上诉法院提出上诉,并继续向康涅

---

① Quoted in Del Dickson, ed. *The Supreme Court in Conference* (1940 – 1985)(New York: Oxford University Press, 2001), p. 802.

狄格州最高法院的错案部提出上诉。这两个法院都确定其罪行之后，上诉人继续向美国最高法院提出上诉。

4. 最高法院的判决

最高法院推翻了格里斯沃尔德夫人和巴克斯顿医生的定罪判决，在第十四修正案的规定下，推翻了康涅狄格州对使用避孕药具的公民采取刑事制裁的法律。

5. 议题陈述

（1）格里斯沃尔德夫人和巴克斯顿医生是否坚持认为，康涅狄格州法侵犯了第十四修正案中规定的权利？

（2）第十四修正案中是否包含对隐私权的解释，可以延伸到已婚夫妻使用避孕药具的判决上？

（3）第十四修正案中的隐私权是否是基本权利，从而需要进行严格的审查检验？

（4）康涅狄格州法禁止使用避孕药具是否满足不可抗拒的国家目的的要求？以及禁止使用避孕药具是否是达到这个目的的必要途径？

6. 裁决和论证

（1）是的。在某些特定的情况下，先例允许上诉人引用第三方的权利，从而挑战法律的合宪性。在本案中，格里斯沃尔德和巴克斯顿的客户即为第三方。本案中的已婚夫妻，与上诉人的关系是保密的，"除非考虑其权利，否则夫妻关系很可能会变淡或受到负面影响"。

（2）是的。法院查阅了一些之前的案例，并指出，过去就已经查明了宪法中的某些隐含权利，例如父母有权选择子女是否进入私立学校学习。一些案例中的隐含权利，例如结社权，认为可以使得宪法中明确提到的具体权利更为稳固。因此，法院指出，隐含权利可以由这些保障"发散"而构成"边缘地带"，这些"边缘地带"可以协助其获得"生命和本质"。利用这一方式，法院给出结论，认为第一、第三、第四和第五修正案创建了"隐私区"，其范围包括住宅。法院指出，本案涉及"隐私区"中的关系。在本案中，法院禁止使用避孕药具的条例对其关系有最大的破坏性影响。

（3）是的。法院的判决意见书指出，这里涉及的权利"早于权利法案"，以及这里提到的婚姻结合权"与其他在先前判决中得到认可的权利一样有其重要目的"。

（4）不是的。法律试图通过"不必要涉及太广"的途径达成其目的，因为法律要求警察"在夫妻住宅这样的神圣领域，搜查使用避孕药具的隐秘迹象"。

7. 判决理由

在判定夫妻使用避孕药具有罪的问题上，国家侵犯了已婚夫妻的隐私权，这一权利是受到第十四修正案的正当程序条款保护的。

8. 共存和异议意见书

戈德堡法官在其依据第九修正案的判决意见书中给出了共存意见，结合了多数判决意见书中同样确定的隐私权。怀特法官的共存意见强调，国家有其他侵犯性不强的方式达到减少婚外性行为的目的。布莱克法官表达了异议意见，他首先承认自己和别人一样喜欢有自己的隐私，但大多数人都错误地解读了宪法条文中并未详细说明的隐私权。

案件的议题是那些事实和(或)法律问题，案件有关双方就这些问题给出不同的答案。也就是说，这些是争论重点。从这个意义上来说，格里斯沃尔德案的基本法律议题可以按以下内容解释：康涅狄格州法禁止使用避孕药具是否符合宪法规定。这个条例存在的问题是没有传递足够的信息——它省去了宪法中可能涉及本案的具体细节的参考。我们都知道这在案件中是一个非常重要的问题——对本案进行判决时，是采用第一修正案中的言论自由条款(结社权)，还是采用第十四修正案的规定？概述为这些议题提供了更好的版本。

道格拉斯大法官为上述各议题做出总结。这些结论有时候被称为"裁决(holdings)"，但是为了避免与判决意见书的"原告(the holding)"混淆，我将其称为"判决(rulings)"。

至于这些判决的理由，你应该意识到判决意见书中使用的所有资料都是从宪法依据建立的基础上得来的(例如宪法条文，制定者意图)。需要注意的是，先例是否曾被广义或狭义地解读过。可以使用什么样的类比？可以用先例区分吗？使用判决理由的策略是什么？检验和审查的标准是什么？什么规则、原则、理论、检验或审核标准有优先值？若概论是用来做简要概括的，那么它可能不会包含上述所有问题。

最后，让我们再看看"格里斯沃尔德案"的裁决或判决理由。概述中已提供了判决理由的一个版本。对"格里斯沃尔德案"的进一步思考，应该能让你想到其他解释此案的方式。按广义的方式解读本案，我们会得出如下结论，法院认为如果国家禁止任何人(不管是已婚的还是未婚的)使用避孕药具，那么它违反了第十四修正案的规定。然而，更广义地说，"格里斯沃尔德案"可以这样解读：它查出宪法强烈保护所有关于生育的判决免受政府的干涉。以这种方式解读，这个判决提供了可以使用(曾被使用)的先例,支持法院关于"罗伊诉韦德案"的判决,推翻堕胎违法的法律条例。此外,"格里斯沃尔德案"还可被解读成隐私权包含各种大范围的性活动,例如淫乱和鸡奸,除非有十分合理的理由,否则国家必须对此进行管理。在这一点上,格里斯沃尔德案可以并已经被用来推翻同性性行为违法的法律条例["劳伦斯诉得克萨斯州案"(Lawrence v. Texas 2003)]。或许对格里斯沃尔德案真正意义上的解读,能够为宪法攻击不佩戴头盔和不系安全带的法律打开大门。换句话说,"格里斯沃尔德案"可以这样解读:只要个人行为不伤害其他人,其权利就不应该受到干涉。因此,可以利用劳伦斯诉得克萨斯州案与阻止同性结婚的法律相对抗。

## "格里斯沃尔德案"的法律意义

格里斯沃尔德案的判决可以看成是最高法院非常重要的判决链中的一个源头,承认并保护了各种各样的非经济的自由。从格里斯沃尔德案开始,法院将第十四修正案中的正当程序条款解释成保护宪法条文中各类未明确提到的基本价值,并且未纳入第十四修正案的制定者的考虑范围。受判决链保护的重要"隐私"利益包括妇女有权堕胎避孕,未成年人在未获得父母同意但在司法同意的情况下有权堕胎,未成年人有权进行避孕和个人在进行亲密的同性性行为中有权不受刑事处罚。在未来,这些案例和其他案例链可能会支持垂死病人寻求临终关怀的权利,其实质是可由病人自己或他(她)的医师在不受政府管理施压"过度"负担的情况下作出该决定。

## 实践指南

1. 不要急着概述一个案件。概述需要花费时间仔细思考。
2. 在书写事实陈述的时候,重点要包括判决的**材料事实**。有时也会包括**背景事实**。(详见第一章)
3. 回想整个案件,案件中的议题就是案件双方试图从法院得到不同答案产生的问题。(详见第一章)
4. 在书写判决和论证时,你通常会发现自己想要以与判决意见书不同的方式组织材料,这样能够总结和阐述判决意见书。

# 第九章　最高法院案例分析

虽然概述司法意见书是能够简明地理解它的一种有效方法,但想要获得更广泛更深入的理解则要做更多的"功课"。你需要提出并回答与之相关的一系列问题——关于该意见书的背景、法律充分性以及政策和政治含义的问题。本章在"社区学校家长诉西雅图第一学区案"(Parents Involved in Community Schools v. Seattle School District No. 1 2007)中,首先概述司法意见书,然后阐明这类问题。在该案中,多数最高法院大法官禁止两个学区(一个在西雅图,另一个在肯塔基)使用种族标准作为其准许入学的一项判定标准。该案的意见书十分冗长,无法在此转载。您可在当地图书馆找到复印文本,或者在 http://www.law.cornell.edu/supct/html/05-908.ZO.html 网站上下载该意见的整个电子版本。

## "西雅图第一学区案"简介

### 案件名称

"社区学校家长诉西雅图第一学区案"〔Parents Involved in Community School v. Seattle School District No. 1 551 U. S. ____, 127S. Ct. 2738(2007)〕。

### 案情陈述

1998年,西雅图学区采用了一个学校选择学生的分配方案。在升入九年级之前,学生被要求选择本学区的十所高中,并按优先次序排列。如果太多学生将某所高中列为第一选择,学区就将使用三轮"平局裁决"的方法来决定谁将获得被超额选择学校的入学名额。大法官罗伯茨这样描述这些"平局裁决":

第一轮选择那些在所选学校已有兄弟姊妹在读的学生。第二轮取决于所选学校的种族结构和各个学生所属的种族。在该学区公立学校中,在读学生中大约41%是白人,剩下的59%的学生由所有其他种族构成,西雅图为了进行分配,将其归为非白人一类。如果被超额选择的学校超出该学区总体白人和非白人种族比例差额的10个百分点,学区即要求该校"积极整合",利用平局裁决的方法挑选那些"将有助于学校种族平衡"的学生。如果经过这轮种族平局裁决,仍有必要为学校再挑选学生,那么,下轮平局裁决就要看学校与学生住所在地理上的远近程度。

由于种族"平局裁决",本案起诉方,白人,被他们优先选择的学校拒绝。3000名九年级学生中大约有300名因为各自的种族会打乱他们首选学校的"种族平衡"而被这些他们更愿意就读的学校拒绝。根据西雅图第一学区向法院所作的诉讼摘要:"超过一半通过整合式平局裁决进入西雅图北部学校的非白人学生居住在西雅图以非白人为主体的中部或南部社区。"此外,首席大法官罗伯茨注意到热门学校的种族构成受平局裁决影响很小。例如,巴罗德高中采用种族平局裁决后,其种族构成比例从原来的62.3%下降到56.4%。根据西雅图第一学区的诉讼摘要,如果未采用种族平局裁决,则九年级学生被其首选学校接受的总体比例只会增加十分之一个百分点,即从80.3%上升至80.4%。法院未曾发现西雅图第一学区在法律上犯有种族歧视罪。因此该案件完全不受"废除种族隔离计划"这一法院指令的管制。

另一方面,肯塔基州的杰斐逊县公立学校曾按照法院指令的废除种族隔离计划运作直至2000年。随后,该学区被宣布已清除原种族隔离政策的所有痕迹并不再受司法监督。此后,该学区采用志愿式的学生分配方案(在法院被废除司法管辖权之前批准的同一方案),即本诉讼案所质疑的方案。简而言之,小学的学生被分配给某些特定学校,但他们被给予一种选择权,能在一"组"同类型的学校中选择从这所无吸引力的学校转移到另一所。如果某位学生的转移申请扰乱了某所学校的种族平衡,那么申请就会被拒绝。杰斐逊县公立中学的总体种族状况是34%的黑人和66%的白人。在该区无吸引力的初级学校,要求在校黑人学生比例最低不低于15%,最高不超过50%。因此如果某学生的转移申请造成被申请学校在校黑人学生比例低于15%或超过50%,则该申请就会被拒绝。在本案中,原告试图转移其白人儿子到自家附近的一所学校,但因为此项转移申请造成了该首选学校"在废除种族隔离标准上的负面影响"而遭其拒绝。

两学区均声称各自的方案旨在实现教育效益和社会效益,降低种族隔离的消极影响。西雅图第一学区也声称其入学方案确保能帮助那些非白人学生有机会进入位于本市白人主体区的热门学校就读。两学区的白人家长则声称学区在入学政策中使用的种族标准违反了宪法第十四修正案的平等保护条款。

评论：书写案件事实不可避免地需要解读、思考、判断以及时间。简要概述社区学校家长诉西雅图第一学区案的整套司法意见书显得特别困难。这是因为：第一，整套司法意见书的篇幅接近200页。第二，无论是从法律的角度讲，还是从事实的角度讲，该案案情极为复杂。以摘要的形式捕获这种复杂性又不能过于简化实在困难。第三，要用来书写诉讼摘要的严谨措辞可能"偏向"或扭曲司法意见以支持某种解读。例如，在本案中，学区使用的种族百分比被多数大法官定性为违反宪法的"配额"，又被持反对意见的大法官定性为宪法允许的"有益出发点"。第四，人们应当在事实陈述中包括**材料事实**，但是，关于什么才能被当作是合理的材料事实又往往是一种主观判断。在本诉讼摘要中，我已将300多名西雅图学生因学区的种族平局裁决而被他们首选学校拒绝的这一事实列为材料事实。大法官布雷耶认为这些学区在实际中如何处理种族隔离的历史资料也是非常重要的，但多数大法官并不这样认为。我在此就选择省略了那些历史资料。对大多数人而言，特定学校的"配额"或"有利出发点"来源于各学区总体种族构成，而不是为了获得某种教育效益而需要的多样性水平的任何教育学理论。如果各学区实行的种族构成已经依赖于或来源于某种明确、充分发展又合理的教育学理论，最高法院想必会做出截然不同的裁决。在努力写出一份"中立"的诉讼摘要的过程中，我避免了使用"配额（quota）"这一术语，也没有对学区如何制定出他们使用的种族基准展开探讨。在接下来的诉讼摘要中，我将回到这些问题上来。

**初级法院历审程序及裁决**

第九巡回上诉法院全体法官支持西雅图入学分配政策，第六巡回法院在全体判决意见书中确认了地方法院此前支持的杰斐逊县入学分配方案。

评论：这是本诉讼案在初级法院历审程序的简化版本。在有些情况下，该案可能有一个更详细的历审程序。

**最高法院判决**

最高法院推翻了上述两项判决。最高法院首席大法官罗伯茨拟定了判决意见书,其中某些部分由大法官斯卡利亚、大法官肯尼迪、大法官托马斯以及大法官阿利托(九人大法官中的五人多数)共同拟定,其他部分由大法官斯卡利亚、大法官托马斯和大法官阿利托拟定。大法官肯尼迪与托马斯单独拟定了共存意见书。大法官史蒂文斯拟定了异议意见书,大法官布雷耶与大法官史蒂文斯、大法官苏特以及大法官金斯伯格共同拟定了一份单独的异议意见书。

**争议陈述**

努力在特定学校实现理想的白人和非白人之间的种族平衡中,一个没有实行种族隔离制度并在一般情况下允许学生可以到辖区内任何学校读书的学区是否可以仅仅因为学生的种族而拒绝该生入读其首选学校呢?或者此类种族平衡是否违反宪法第十四修正案的平等保护条款?(首先,此简洁陈述省略了关于家长是否有资格发起本起诉讼这一单独问题。)

评论:在进行诉讼案件中,简洁陈述争议要求最大限度地发挥辩护的艺术。上文报告中对争议的简洁陈述是从最初寻找颠覆性政策的西雅图家长的诉讼概要中提取出来的。现在思考从西雅图学区诉讼概要中提取出来的对争议的简洁陈述:

西雅图学区在其高中学生分配方案中对种族的限制性考量符合宪法第十四修正案的平等保护条款,是因为:

(a)学区已催促政府积极提升不同公立高中在校学生的教育效益,减轻种族隔离的潜在伤害,确保少数族裔学生平等地进入本学区最热门高中就读;

(b)学区学生分配方案中对种族的限制性考量仅仅用于为这些必要性利益服务,同时提高家长选择附近学校的种族中立教育价值观,并使家庭团聚一堂吗?

美国联邦副总检察长简洁陈述支持起诉方:

本案所呈现的争议在于西雅图学区基于种族的学生分配方案是否违反了宪法平等保护条款。

支持西雅图入学分配政策的第九联邦巡回上诉法院在法庭上以更加中立的方

式简洁陈述了此项争议：

此次上诉要求，我们考虑由西雅图第一学区拟定的可开放选择且非竞争性的公立高中学生分配方案，对整合式平局裁决的应用，是否违反联邦宪法的平等保护条款。

**判决与论证**

最高法院大法官五人多数同意本案使用严格审查平等保护检验来裁决（严格审查的内容参见第五章）。首席大法官引用"约翰逊诉加利福尼亚州案"（Jonson v. California 2005）、"格鲁特诉博林杰案"（Grutter v. Bollinger 2003）和"艾达兰特建筑股份有限公司诉帕纳·艾达兰特案"（Adarand Constructors Inc. v. Pena Adarand 1995），写道："当人们普遍认为政府以个体种族划分为基础分配责任和利益时，政府行为即应接受严格审查的复审。"在对大法官布雷耶的异议意见书的抨击中，首席大法官罗伯特拒绝了他的观点，即当国家试图排斥和（或）接纳少数族裔时，对严格审查检验的采纳和使用将会有所变化。多数大法官说，判决先例和审慎考量原则都支持所有*种族*划分案件必须使用纯粹的严格审查检验这一观点。多数大法官还拒绝了大法官布雷耶提出的判决先例和审慎原则，要求在当地学校董事会与实际的种族隔离努力作斗争上，尊重当地学校董事会的主张。多数大法官为支持自己的司法意见，引用"里士满诉J·A.克洛森有限公司案"（Richmond v. J. A. Croson Co. 1989）的司法意见："本国种族划分历史表明，完全尊重立法或行政必要性的判决绝不适用于平等保护分析"。

在适用严格审查检验中，多数大法官拒绝了学区提出的他们的政策服务于必要的政府利益的主张。已被最高法院认为可以使用种族标准的基础只包括两项必要的政府性利益，即（1）纠正过去有意的种族歧视，（2）在高等教育背景下，提倡多元化的学生群体。这两项利益均不适用于本案。法院从未判决西雅图学区进行有意的种族歧视，但是杰斐逊县已被法院判决，要其清除过去任何的种族歧视痕迹。多数大法官说，这两个学区运用种族比例只不过是努力促进种族平衡。尽管学区声称使用种族比例是为了谋求教育效益和社会效益，但多数大法官断定使用该比例所追求的真正目标是种族平衡本身，并且准许将种族平衡作为目标"将是对整个美国社会种族均衡强加的辩护……"[引自"弗里曼诉皮茨案"（Freeman v. Pitts

1992)]。多数大法官指出种族平衡本身并不违反宪法。"我们已不厌其烦地重申'不可为了种族平衡而进行种族平衡'，"多数大法官接着说，"这种做法反向地实现某种种族平衡，而不是为提供预期利益的多样化示范正向地推进种族平衡，是现行判例制度下的重大缺陷。"两学区均未提供"实现教育效益的必要种族多样化程度恰与各自学区人口统计学一致的证据"。虽然学区已经"以各种口头上的简洁陈述介绍了他们争取的利益，例如种族多样性、避免种族隔离、种族融合，但对于表明其不同于种族平衡的利益，并没有给出任何定义"。这样说来，多数大法官明确地拒绝承认学区提出的种族多样化对学生学业成绩和其他无形社会效益有积极影响的主张。

不管怎样，即使假定学区的目标在于实现教育效益和社会效益，但因为这些效益与种族平衡自身的目标日渐对立，多数大法官进而断定那些受质疑的政策并没有被严格地限定范围。"事实上，"最高法院指出，"各案件中，入学分配依据种族的极端措施对于实现所谓目标而言，是没有必要的，即使这样的措施是学区规定的。"为了支持这一结论，多数大法官引用了这些学校种族多样化的数据。"当进行真正的种族分析时，无论按照何种种族多样化的定义，这些不分所属种族的在校学生实质上构成了多样化的学生主体。"更深一层地说，按照多数大法官的司法意见，即使目标在于"充分的种族多样化使得学生视自己为单独个体而非仅仅某一族群的一员，而使用仅视学生为某族群一员的方法到头来还是会从根本上产生相互误解"。将学生按白人和非白人两项进行划分的政策仅使用了一种限定性的多样化概念——是一种与最高法院的高等教育平权法案决议不一致的方式。最高法院多数大法官还发现种族标准实际上只会对学校种族平衡产生最小程度的影响，这表明其他措施也会同样有效。也就是说，"平局裁决"仅仅用于在不同学校间调整少量学生，其实际效果却是仅仅由于学生的种族而拒绝数以百计的学生入读他们首选的学校。多数大法官很快补充说："然而我们并未表明，更广泛地使用这种分配方案会带来更好的效果，学区种族划分政策对入学注册仅有最小程度的影响引起了对是否有必要使用种族划分的质疑。"最后，多数大法官断定学区未能根据判例的要求"说明除详述种族划分方法外，他们考虑其他方法实现他们所宣称的目标"。

多数大法官在对大法官布雷耶的回应中，提出了另外几个观点：(a)由于很难分辨使用种族标准的优劣性，需要进行严格审查；(b)社会危害（例如，与种族标准使用相关的那些"无可辩驳"的种族划分、种族政策）；(c)"布朗案"判决要求在不分种族的基础上分配学生入学；(d)"格鲁特案"判决可视为高等教育案；(e)即使"格鲁特案"的判例适用本案,学区的政策依然违反法院在"格鲁特案"中规定的多重因素个性化入学政策。

评论:第一,诉讼摘要可以有不同的篇幅。按照人们将"哈姆雷特案"的诉讼摘要简化为一句话("这是一个无法下定决心的人的故事")的方式,本章节的诉讼摘要本可以压缩成几句话。较长的篇幅想必可以详细叙述诸如大法官对他们所依据的判例进行讨论或辨析的内容。第二,我按照第(1)步实验选择,第(2)步实验实施的方式组织总结。按照这种格式,我稍微"梳理"和认识了真实的判决意见书。第三,需要指出诉讼摘要也可以包含以下类型的分析:

> 多数大法官的意见并未明确采纳宪法第十四修正案应当被解读为包含消除种族歧视裁决的理论——这是大法官托马斯所赞同的立场。尽管如此,多数大法官在实际效果上仍然接受大法官托马斯的消除种族歧视立场。

我个人更愿意把这种评价放在诉讼摘要之外单独进行评论。同样,很多报纸都试图从观点类或分析类报纸中突出他们自己的"新闻类"文章。我倾向于把诉讼摘要看作"新闻类"文章,放到随后某一单独和明确指定的章节进行评论。

**判决理由(多数大法官意见)**
因促进种族平衡并因学生所属种族而导致该生无法入读其首选学校的种族标准的学校选择方案无法满足严格审查检验,因此,违反了宪法第十四修正案的平等保护条款。

评论:存在其他可能的简洁陈述判决理由的方式。

**共存意见:大法官托马斯**
虽然大法官托马斯赞同首席大法官拟定的整个司法意见书,但仍总结其共存意见书道,"我认为联邦宪法就是大法官哈兰在"普莱西诉弗格森案"(Plessy v. Ferguson)中所说的'我们的宪法就是消除种族歧视,既不认可也不容忍公民间的阶级差异'"。但他还引用先例:"宪法不能仅因学区声称某种补救性目的并带着近乎纯正的动机真诚地推进,就准许基于种族的政府决策……更确切地说,直截了当地禁止以种族为基础的政府决策,除非仅仅是为必要性利益服务……因此,一般而

153

言,所有的以种族为基础的政府决策——无论是何背景——都是违宪的。"他还指出了一般情况下的两个例外——(1)依法进行被迫的补救以解决法律上的种族隔离问题,(2)根据具体调查结果,自愿地补救可能由政府实体确认的已发生的非法种族歧视。他重申了首席大法官的立场,"仅仅对种族失衡的纠正不是必要的利益"。他又写道:"只有对课堂美学的兴趣或对精英观的高度敏感性才能证明学区实行种族平衡项目的正当性。此外,学校董事会对与学校教育无关的种种先前种族隔离的后果,诸如居住模式、雇佣惯例、经济状况和社会态度,均无兴趣采取补救措施。"他的司法意见书开篇第一句就概括了多数大法官的司法意见:"今天,最高法院认为州实体不得尝试以基于种族的方式实现他们认为社会所期望的目的。"当他写到"实际上,强迫的种族混合是否具有任何教育效益难为可知,更别说为黑人权利进行的种族融合"时,他对学区目的,及对大法官布雷耶的异议判决意见支持的目的,表现出的态度显而易见。

评论:大法官托马斯的共存意见包含对大法官布雷耶异议判决意见的质疑。因为这些评论性的内容以及评论的程度最容易在单独的评论中处理,我就将它们都从诉讼概要中省略了。我仅在此指出,大法官托马斯的评论往往比较尖锐,甚至有些失理:"在布朗案中的种族隔离主义者辩称他们的种族划分是善意的,没有冒犯性……这种宣称他们的目的,比其他人的目的好的做法,是对法庭成员的高度傲慢无礼。"接着有这样一份观察报告:"异议意见似乎将平等保护条款解读为对当前社会惯例和经验,对地方官员的尊重,可能性的实际后果,和先前这个或那个法院作出的论述的依赖。"他指出"普莱西诉弗格森案"(Plessy v. Ferguson 1896)中臭名昭著的"分离但平等"的裁定仍然是现在社会实践的基础。"'布朗案'中的种族主义者,"他继续说道,"支持法院在'普莱西案'中支持的论点。虽然'布朗案'果断地否决了这些论点,但今天持异议意见的大法官复制这些论点到了令人吃惊的程度。"

### 共存意见:大法官肯尼迪

大法官肯尼迪总结其与首席大法官的不同意见,并指出部分多数大法官的司法意见"隐含了一种极为不屈的坚持,即,种族不可能是实例中的一个因素,而这在我看来,可能是需要重点考虑的。多数大法官的意见太过轻视政府拥有的确保所有人民无论种族平等均享有机会的合法权益……多数大法官的司法意见至少可以解读为联邦宪法要求忽视学校教育中实际存在的恢复种族隔离的问题。我不能赞成这种结论"。但是,像首席大法官一样,大法官肯尼迪坚持使用严格审查检验,不同意"宽松的严格审查",因为这"可能引发政府对种族划分的广泛性部署"。因学区未能满足严格审查检验的要求,大法官肯尼迪赞同首席大法官的裁决。他和学区立场的分歧更多地在于达成目标的方式而非达成的目标本身。他对学区许可性目标的看法参见如下文字:

> 我们的国家有着一种道德责任去完成其历史承诺,即创造一个能够保证所有公民享有平等机会的种族融合的社会。必要性利益存在于避免种族隔离之中,这是一种学区根据审慎判断和专长而可能选择追求的利益。同样地,学区可能将实现多样化的学生群体视为其必要性利益。种族可能是多样性的一个组成部分,但其他人口因素,加上学生的天赋才能和需要,也应当加以考虑。这样当学生被分配到学区时必须使用多因素个性化的决策流程。如非必要(本案没有体现出此必要性),政府不允许以种族为基础对每一名学生进行分类,然后根据所进行的分类分配他们相应的学校。

对此,学区既无充分的解释又没有证明其选择实现自己目的的方式的正当性。至于杰斐逊县,大法官肯尼迪这样写道:

> 虽然学区承认其运用种族划分方法来作某种分配决策,但并没有解释清楚,例如,由谁做决策;如果监督机制被采用又会怎样;基于种族的分配决策将在什么样的确切环境下进行或放弃;或者如何决定两名居住地很近的学生中哪一位将会受到以种族为基础的选择……杰斐逊县未能向法院解释清楚,甚至是因耶书亚·麦克唐纳的初始分配和转移被拒而牵连的某些受到限制的方面,以及它实际上是否依赖于尚在质疑中的利益制定种族划分的方式,而不是依赖于广泛的、不一致的且特定的方式解读卷宗给出的启示。谈到西雅图时,他写道:"在其多样化学生群体的背景下,学区没有解释如何清晰地区分'白人'和'非白人'来进一步实现这些目标……为其目标的严格限定学生分配方案远远不够,该制度恐不利于自身的目标,而学区未就其设计给出令人信服的解释。"

评论：作为本案的"关键一票"，大法官肯尼迪的意见书将会被学区和法律学者彻底地研究，以约束可能赢得其赞同并可能进而也被另外四位持异议意见的大法官赞同的此类多因素方案。

**异议意见：大法官史蒂文**

我在此省略了概述大法官斯蒂文所做的相对简短的意见书。

**异议意见：大法官布雷耶拟定，大法官史蒂文、大法官索特马约尔、大法官金斯伯格协助配合**

大法官布雷耶认为多数大法官的意见反对遵循先例原则，曲解判例，误用宪法原则，并背弃了"坚持并明确地批准既出于志愿，又具强制效力的种族意识措施与种族隔离学校作斗争"的法律主体。而且，他还说多数大法官"声称法律制度将阻碍国家和当地政府有效地处理日渐蔓延的公立学校恢复种族隔离的问题，并恐将改变现在平静的局面，以制造一轮混乱的涉及种族的诉讼代之，此外，它破坏了"布朗案"所做的当地社区设法建立相互协调的初级和中等教育的承诺"。过去50年反种族隔离斗争中的所有历史事件，没有哪一件可以任何理由使其相信还有任何其他方法比该学区采用的方法更能有效地处理学校中的恢复种族隔离的问题。

虽然大法官布雷耶写道，他将根据严格审查检验来支持该两个学区的方案，但在他着手分析之前，他认为在此类案件中，可以使用稍微宽松的严格审查检验。"我相信法律在此案中要求应用的并非传统字面意义上所谓'严格'的标准审查……"理解宪法第十四修正案的目的，是"禁止导致种族隔离的实践"。他认为该修正案的制定者"会理解使用种族意识标准来挑战这一目的，即维持种族间分离的状态的法律和实践的差异，并使用种族意识标准推动目标实现，即让种族聚集在一起"。此外，先例（以及几届国会和总统所制定的政策）支持"政府可以自愿地采纳种族意识措施来提高种族状况，即使政府在宪法上并没有义务去做这件事"。他坚持认为，此先例并不仅限于法律上的种族歧视，也不仅限于法院命令整合时的情况。他指出："……我未发现任何案例批判试图隔离少数族裔成员和融合少数族裔成员之间的宪法不对称性。"而且，所有学生都保证在公立学校有一个入学名额——因此，本案并不涉及稀有资源的配给问题。因此，应用严格审查检验的高等教育平权运动的案例是可以辨明的。

尽管如此,大法官布雷耶继续应用严格审查检验,发现西雅图和杰斐逊县的政策均为宪法所允许的。至于学区是否追求必要的利益,大法官布雷耶的立场有以下几方面:第一,他拒绝"法院按照法律裁决的种族隔离具有决定性"的观点。第二,他说这两个学区废除种族隔离的奋斗历史"清楚地表明,仅仅依靠无论是法律上的还是实际上的早期学校种族隔离从而制定出严格的标准来隔离宪法允许使用的'种族意识标准'和宪法禁止使用的'种族意识标准'是无效的"。第三,他发现学区正进行三种以强力实现的目标:(a)纠正性目标——"纠正先前种族隔离状况所造成的后果";(b)教育性目标——"克服高度种族隔离学校产生并与之关联的负面教育影响";(c)民主性目标——"营造一种反映学生将生活在"多元化社会"的教育环境"。尽管与研究发现相反,但大法官布雷耶接受了这种观点,即"一旦来自种族隔离教育环境的黑人子女处在更加平等协调的环境,其成绩水平会显著提升"。尽管与他的研究发现相冲突,他还是接受了"有证据显示,在种族平等协调的学校,民主利益已牢固确立并且足够强大到允许学校董事会,按照法院自身常常裁决的方式来决定该利益是必要的"。

应用"限制范围"需要用严格审查检验,接着大法官发现存在争议的基于种族的政策尽可能地被限制了其作用范围。第一,他发现了学区所使用的那些比例仅设定了宽泛的范围。这些比例是有用的出发点,而不是种族配额(引自"科洛森案",大法官布雷耶定义配额为"'为某个少数群体专门保留'一定数量或机会比例的方案")。第二,他发现这些方案比"格鲁特法学院平权案"中所支持的政策受到更多的限定。在"格鲁特法学院平权案"中,种族仅引发学生间一些摩擦,并且运用种族的后果相比本案来说对学生影响并不严重。第三,他找不出能够不以种族为基础、并且减轻负担的方案。至于使用白人或非白人的分辨标准,他表示在他看来,除了其他方面,这种分辨标准和不同少数族裔群体的相关情况"大体相似",是说得通的。"无论如何,"他继续说道,"多数大法官无法反驳,该宪法上的缺陷是种族的个体化措施的应用,并同时拒绝实行尚未充分考虑个体的种族措施导致的。"并且他一针见血地指出杰斐逊县的方案已被法院批准通过。"但如果,方案被法院先接受并在州地方法院废除其命令之前(取消对该学区的废除种族隔离活动的司法管辖权),该方案是合法的,那么多数大法官现在又如何表明该方案将来会变成非法的呢?"

评论:我在本章节的诉讼摘要中省略了大法官布雷耶对两学区废除种族隔离漫长历史的描述。也省略了大法官布雷耶尖锐回击多数大法官对自己那样解读先例和回应大法官托马斯的批判。这些都不是布雷耶的重要意见,但最好还是单独并更加深入地分析这些材料。

## 用于"解释"本案的问题

作为初步事项,我希望明确地区分司法解释、评估性判断和预测等概念。解释,作为在此处使用的术语,是指对影响案件结果的构成要件的讨论和阐述。例如,我们可以说,在特定历史时刻联邦最高法院由自由派大法官组成,以此作为支持刑事被告的裁决的*司法解释*。然而,当我们评论司法判决时会这样说,例如,该项判决依靠对先例的错误解读,这时我们是在进行评估性判断。接着我们说意见书将限制政府制裁犯罪的能力,这时我们是在进行预测。如果我们接着说我们认为这种对政府的限制令人遗憾,我们是又进行了评估性判断。

记住这些区别,我将接着论述你应对某案件提出的三组问题,一旦问题得到解答,将会加深你对案件的理解。第一组问题探讨社会、法律及政治因素,它有助于解释案件及其结果:

- 本案的历史背景、法律背景、社会背景、政治背景如何?
- 导致本案诉讼的环境是什么?

根据大法官布雷耶的描述,"西雅图诉讼"的社会和政治背景以持久的法律和政治压力为特征。很多针对学校董事会的诉讼由美国有色人种协进会(NAACP)发起,结果造成以实现学区种族更加融合为目的方案纷纷出现。其中最具争议的方案设计强制以校车接送黑人学生和白人学生到通常距他们家较远的学校。全州对该方案的反对导致以投票表决形式通过一个开创性的修订性州法,要求学校应安排学生就近入学。根据西雅图学校董事会的质疑,联邦最高法院最终发现该法违宪,因其向少数族裔群体强加了特殊负担,使得该法相较于其他群体来说更难以代表少数族裔群体通过符合其利益的政策["华盛顿诉西雅图学区案"(Washington v. Seattle School District 1982)]。在校车接送争议之后,学校董事会通过了一份以学生自主选择为基础的方案。此选择方案几经修改;最终,该方案的"1999版"遭到了社区学校家长(一群家长,他们的孩子未能被分配到自己首选的高中)的质疑。此西雅图诉讼案起因于西雅图争议性的种族政策。

杰斐逊县诉讼案同样起因于种族政策,但有着更重大的影响。杰斐逊县的学校以前根据法律要求实行种族隔离。"布朗案"裁决差不多20年之后,民权组织和学生家长才得到法院的一项命令,要求当地学校废除种族隔离。1975年到1995年间,该学区在法院的监督下调整了其种族整合方案。1996年,它采纳了最终产生本诉讼案的最终修订版本方案。2000年,联邦法院免除对自身的司法管辖,发现学区已经完全去除其法律上的种族隔离。然而,学区选择继续执行1996年法院通过的种族整合方案,随后该方案遭到一位白人家长的质疑,其子女被家庭附近的一所学校拒绝接收。因此,大法官布雷耶敏锐地发现,一项已为法院批准的方案现正受到宪法的攻击。

造成发生在西雅图和肯塔基州的这些诉讼更大的法律背景是什么呢?对西雅图第一学区的法院裁决是数十年来联邦最高法院和下级联邦法院诉讼的高潮。当然,这项裁决最重大的意义在于,1954年在"布朗诉教育委员会案"(Brown v. Board of Education)中,上诉法院裁决的"隔离但平等"原则不应再发生或存在于公立学校。法院并未以实际的种族隔离案例而是以法律的种族隔离案例来说明布朗案。从技巧上来说,最高法院事实上并没有宣布实际种族隔离违宪;也没有宣布宪法允许该种族隔离,也没有表明自愿清除即以强力获得的利益。在"布朗案"后的这些年里,最高法院不得不屡次重新讨论发生在学校里的种族隔离。最为重要的是,联邦法院要求学区不得再进行违宪性种族隔离政策所获得的矫正性权力的问题需要得到解答。其中一个裁决,即"斯旺诉夏洛特-梅克伦堡教育委员会案"(Swann v. Charlotte-Mecklenburg Board of Education 1971),清楚地规定下级联邦法院有权通过要求学校用巴士接送学生及其他基于种族的政策来推动种族整合。审理斯旺案的法院还声明:

> 传统上来看,学校权力由委员会执掌,负责制定和执行教育政策,也可充分推断,例如,为了使学生在更加多元化的社会生活,各学校应规定黑人与白人的比例,反映出本学区整体种族状况。此举作为教育政策,属于学校董事会的自由酌处权。

西雅图辩称法院声明显示学区拥有宪法性权力采用自己的政策;另一方面,起诉方认为该项声明仅为法官的附带意见(参见第六章)。

教育机构使用基于种族的政策引发了一系列先于西雅图第一学区诉讼案的高等教育诉讼案。在"格鲁特诉柏林格案"(Grutter v. Bollinger 2003)和"加州大学评议会诉巴基案"(Regants of University of California v. Bakke 1978)这两个案件中，最高法院均支持将种族考量的应用作为多因素决策的一部分。然而，大学本科入学政策严重依赖种族标准的一个案件被判违宪["格拉茨诉博林杰案"(Gratz v. Bollinger 2003)]。"惠恩特诉杰克逊教育委员会案"(Wygant v. Jackson Board of Education 1986)的裁决公立学校解雇少数族裔教师的做法违宪。还有一些案件依靠严格审查检验在维持公共契约方面推翻种族性偏好["里士满诉 J. A. 科洛森公司案"(Richmond v. J. A. Croson Co. 1989)、"阿德兰特建筑股份公司诉佩纳案"(Adarand Constructors Inc. v. Pena 1995)]。当"西雅图第一学区案"上诉至最高法院，法律对于使用种族考量分配政府稀缺资源（如精英法学院的席位）在某种程度上显示出不一致，并且个性化裁决又容易引起相互冲突的解读。因此当西雅图和杰斐逊县将种族标准纳入他们的学校选择方案时，起诉方和被诉方均有理由相信先例是支持各自一方的。双方均有意愿进行诉讼。

随着诉讼当事人一步步推进他们的案件完成初级法院流程，两件未曾预料的事件进一步塑造了本案件的最终结果。2005 年 7 月 1 日，大法官奥康纳宣布从最高法院退休。她的宣布增加了最高法院继续有意愿支持在入学政策上使用种族标准的不确定性，因为大法官奥康纳投下了至关重要的一票，导致在"格鲁特案"中形成支持密歇根大学法学院招生政策的多数意见。随后，2005 年 9 月，首席大法官奎斯特逝世。这两个最高法院大法官职位空缺均由总统乔治·W. 布什进行补充，布什曾公开宣称要以保守派法官补充大法官职位空缺。总统首先提名约翰·罗伯特接替大法官奥康纳，但随着首席大法官奎斯特的逝世，总统则提名塞缪尔·阿力托接替奥康纳，提名约翰·罗伯特接替奎斯特。罗伯特和阿力托分别于 2005 年 9 月宣誓就任首席大法官和 2006 年 2 月宣誓就任大法官。2006 年 6 月，最高法院同意审查下级法院对"西雅图第一学区案"的裁决。因此到对"西雅图第一学区案"展开辩论时，最高法院的表决天平发生了改变，大法官肯尼迪的意见可能成为打破本案分裂成自由派和保守派 4—4 局面的关键一票。结果证明，大法官肯尼迪在阻止支持色盲主义(color-blind doctrine)的五人多数派出现中扮演至关重要的角色。

### 评价性判断：裁决的法律充分性

对本案构成要件的审查，解释了特定案件如何以及为何不必处理"规定性"或"评估性"问题：本案多数派或异议者是否从法律规定中获得更好的论点？这里有

# 第九章 最高法院案例分析

一些更加具体的问题探寻本案各种意见的法律充分性：
- 特定判决意见书的法律前提是否受到源自宪法条文证据、法律制定者意图、传统证据、审慎考量、已有先例的合理性支持？该意见在逻辑上是否有效和合理？（参见第七章）
- 判决意见书所反映的司法理念是什么——原旨主义或非原旨主义版本？该判决意见书是否恰当地执行了所采用的方法？（参见第四章）
- 判决意见书是否恰当地或不恰当地使用列举在简报1中的证据？例如，判决意见书在依赖对特定先例的公正解读时，是完全依赖或区别于过去的裁决吗？（参见第四章）
- 多数意见书是否会否决一项有重要影响的先例并且将宪法理论带到一个新的方向？此项否决是特意宣布还是私下进行？先例应当被推翻吗？（参见第六章）
- 当开辟出一项"例外"时，多数派是否还会坚持当前的理论，因而限制理论或扩展理论？这种修订是好的变化吗？（参见第六章）
- 多数派的意见仅仅是与先例不一致，会使得宪法理论处于混乱和不确定的状态吗？（参见第六章）
- 这些判决意见书（多数意见书或异议意见书）是讨价还价的结果吗？这些意见书内在一致吗？或者其仅反映大法官相互之间对不同观点的一种不稳定的妥协？（参见第三章和第七章）

我不会处理所有这些问题，但会通过集中讨论研究多数派和异议派对"西雅图第一学区案"分歧的最重要环节。关于宪法性检验适用于本案的意见引起了强烈的反对。多数派大法官坚持应使用严格审查，因为本案涉及种族标准。大法官布雷耶主张使用不那么严格的检验。现在不得不提出更多具体的问题：审理"布朗诉教育委员会案"（Brown v. Board of Education 1954）和相伴的"波林诉夏普案"（Bolling v. Sharpe 1954）的法院是否裁定宪法第十四修正案为无种族歧视，以及是否*任何*与此原则有关的偏差必须使用严格审查检验进行检查（如多数派大法官在"西雅图案"所主张），或者"布朗案"的裁决（如大法官布雷耶所说）是否更关注禁止法律上州规定的种族隔离以及消除种族隔离的承诺？人们需要为"布朗案"确定正确的判决理由。我的分析使我做出与大法官布雷耶的解读比较接近实际状况的结论。在检查"布朗案"裁决的过程中，即使涉案双方均引用无

## 联邦最高法院的观点

种族歧视观点,我发现并没有任何语言支持消除种族歧视的观点。事实上,最高法院明确地集中讨论了"按种族隔离学生"的问题——仅仅因为学生各自的种族而隔离。最高法院宣布,"在公立教育领域,'隔离但平等'规则没有立足之地"。因此,"布朗案"并不包含消除种族歧视的裁定,即使判决结果或消除种族歧视原则是一致的。就"布朗案"裁决而言,多数派大法官声称先例要求使用消除种族歧视原则是不正确的。

全面检查包含"西雅图第一学区案"的判决意见书中的先例应用,将会超越对最高法院对于"布朗案"到"后布朗案"的各类案件作出裁决的检查,以此决定这些判决意见书是否确立将消除种族歧视裁定为宪法性理论。密切相关的问题应当被包含于有关立法者意图的分析之中:当他们起草和通过宪法第十四修正案时,他们的意图是什么?为了方便我们讨论,现在假定多数派大法官对"布朗案"消除种族歧视的解读是正确的,那么"布朗案"的裁决是站在原旨主义的立场对宪法第十四修正案正确或公允的解读吗?换句话说,宪法第十四修正案的制定者是否打算将消除种族歧视的原则强加给政府?这是一个很有趣的问题,因为多数派大法官均公然声称自己为原旨主义者。现在思考这条来自杰德·鲁本菲尔德教授的评论:"从原旨主义者的观点来看,严格地消除种族歧视显然不是其所支持的(种族隔离最初是被认可的,而种族隔离显然违反消除种族歧视原则),所以看到我们那些自我标榜为'原旨主义者'的法官正义凛然地坚持消除种族歧视的平等保护条款,多少会有些尴尬。尽管如此,消除种族歧视无疑与宪法第十四修正案的典型应用相一致。"[1]如果鲁本菲尔德的观点是正确的,人们可认为法律制定者把种族隔离视为宪法所允许的。鲁本菲尔德还认为,"布朗案"的裁决是一种法院能够适当作出但又不违反宪法第十四修正案的裁决。

我们由此得出两项结论:其一,多数派大法官错误解读了布朗案;其二,从原旨主义者的观点来看,这种错误解读也不受其支持。考虑到多数派大法官由原旨主义者组成,会得出一个具有讽刺意味的结论。除此之外,据此可以推测从原旨主义者的角度看,大法官布雷耶对"布朗案"的解读才是正确的。

但此时此刻,你可能不想离开你的法理分析。这还有一些其他问题:即使大

---

[1] Jed Rubenfeld, *Revolution by Judiciary* (Cambridge, Mass.: Harvard University Press,2005),pp. 196-197.

法官布雷耶对立法者的最初意图把握是正确的,是否就有必要遵循其判断要求法院不应通过消除种族歧视裁定呢?是否立法者禁止将宪法解读为包含废除种族歧视裁定呢?此项裁定可能是宪法第十四修正案欲废除内容的允许性延伸。

或者,下面这几个问题又当如何回答:"非原旨主义者的观点是什么?非原旨主义者为何不将宪法第十四修正案解读为具体的消除种族歧视裁定?大法官托马斯断言,不通过消除种族隔离的裁定,打开了误用种族标准的大门,甚至可能导致重返种族隔离时代。我们不能完全对任何政府或法院委托授权使其制定基于种族的政策。大法官布雷耶将这种消除种族歧视裁定为实现种族融合和平等教育的机会视为极端后果的源泉。在他看来,任何禁止对种族标准的使用注定会使社会陷入隔离和不平等的境地。对"西雅图第一学区案"进行扩展性分析可能会探究出深层次上的深刻冲突。

最后,让我们看看如下多数派大法官裁决的有趣含义:它可能造成宪法理论的不协调。鲁本菲尔德教授指出当黑人起诉方抱怨某项政策无意引发的消极后果时,法院就裁定该项政策无意引发的后果并非对宪法第十四修正案的侵犯["华盛顿诉戴维斯案"(Washington v. Davis 1976)]。[1] 然而,如我们所看到的"西雅图第一学区案",当白人起诉方抱怨政策无意引发的后果时——尽管该政策以种族标准判断,法院就会认定这种结果为过度的负担,并导致作出违宪的裁定。

这种分析远未结束。下面这些问题还没有得到法院的解决:学区的目标是否为必要的(以及从宪法上看,什么可能或应当被视为必要的国家利益),选择追求的利益的方式是否是严格制定的,"格鲁特案"是否可以或应当区别开来,或者如何区别"格鲁特案"。回顾多数派大法官和异议派大法官以不同的方式区别"格鲁特案"。联系学区目标是否必要的分析,人们可能会陷入围绕以社会科学为基础的证据应用的问题:(a)社会科学文献是否足以得出结论支持种族融合与少数族裔学生提高的学习成绩存在关联,以及是否支持种族融合与种族态度和种族关系的改善存在关联?(b)如果社会科学不百分之百地支持学区政策,是否意味着该学区理论上和社会上的目标是必要的,不管有没有结论性的社会科学裁决?(c)宪法理论是否应该以社会科学裁定为前提或根源?自从审理"布朗案"的法院引用心理学分析,这些问题就已经成为讨论的主题。

---

[1] Ibid., at p.197.

## 联邦最高法院的观点

结果,对"西雅图第一学区诉讼案"的裁决可能对西雅图自身产生消极影响:该学区已在最高法院裁决之前的五年里搁置了这一挑战性的政策。现在,最高法院已经确定,"自由学区"的法律顾问表示希望探索新的提升学生主体多样性的方法。

> 加里·L.艾科达,西雅图第一学区的法律顾问说,鼓舞人心的是最高法院多数派重申了公立教育多样性的原则,并且按照大法官肯尼迪的意见,现在就我们的做法做些说明。①

然而,根据同样的章节,诉讼胜利的白人父母"要求地区超越对社会工程而非学术的关注"。

至于其他地区,为了避免代价高昂的诉讼,曾经使用以种族为基础的政策的学区在促进学生主体多样性的分配政策上很可能选择非种族性的标准——例如考虑家庭收入的因素。杰斐逊县学区很可能采用此类方法。这些标准是否会有助于学校的种族融合仍有待观察。此外,从某种程度上看,判决意见书降低或阻止了消除实际的种族歧视的努力,假定种族融合对少数族裔学生的学业成绩有促进作用的研究是正确的,判决意见书将使学区更难提高少数族裔学生的学业成绩。这一结果反过来导致学区在满足联邦法令"不让一个孩子掉队"的要求上遇到麻烦;不能满足这些要求的学校反过来面临法律上要求重组并且甚至可能被关闭的局面。然而需要指出的是,甚至根据多数大法官的意见,学区可以采取有策略地定位新学校的政策来提升多样性,以确保招收到多样化的学生群。

总之,强大的人口统计学和结构性障碍(实行种族隔离的学区的现实状况及"米利肯案")推动维持着当前的种族隔离程度。此外,学区可以采用的手段范围可能在某种程度上要比大法官布雷耶所推测的更为广泛。然而,这些手段是否足以克服起重大影响的人口统计学和结构性障碍实现种族融合,还远未可知。

---

① William Yardley, "Seattle School Take Stock After Justices Issue Ruling," *New York Times*, July 1, 2007, on-line archives.

## 实践指南

1. 在分析不同大法官的立场时，多数派或异议派并不是"正确的"。作为分析者，你可以以另一种眼光审视大法官们所持的一些或所有立场。

2. 更全面地理解一项案件判决意见书的有效方法，是检查该案当事双方的诉讼摘要和法庭之友的诉讼摘要（术语"诉讼摘要"在此指当事双方向法院提出的包含各自支持的法律辩论的相关文件。）在"西雅图第一学区案"中，法院收到美国首席检察官、各种自由派和保守派的民权机构、全国学校董事会协会、甚至社会科学家和政治人物的法庭之友的诉讼摘要约 60 件。提交联邦最高法院的诉讼摘要可以通过律商联讯（LexisNexis）、万律（Westlaw）以及网站 http://supreme.findlaw.com/supreme_court/briefs/index.html/. 获得。此外，最高法院关于"西雅图第一学区案"的口头辩论的录音资料也可在网站 http://www.oyez.org 获得。辩论的文字抄本可以在网站 http://www.supremecourtus.gov/oral_arguments/argument_transcripts.html 上找到。

3. 法律评论文章是一种可以用来检查和理解法院判决决意见书的资源。很多法律评论文章写的都是关于有影响力的案件。法律评论文章的复印文本可以在很多图书馆（甚至在非法律类图书馆）以及通过网络在律商联讯和万律上得到。